FACULTÉ DE DROIT DE POITIERS.

DE L'ÉMANCIPATION

EN DROIT ROMAIN ET EN DROIT FRANÇAIS.

THÈSE

PRÉSENTÉE A LA FACULTÉ DE DROIT DE POITIERS

POUR OBTENIR LE GRADE DE DOCTEUR

ET

SOUTENUE LE LUNDI 29 JUILLET 1872, A TROIS HEURES DU SOIR

DANS LA SALLE DES ACTES PUBLICS DE LA FACULTÉ

PAR

Henry LE GENDRE,

Avocat.

POITIERS

IMPRIMERIE DE A. DUPRÉ

RUE NATIONALE

1872

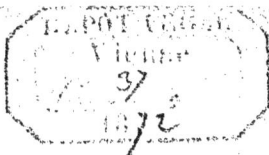

DE L'ÉMANCIPATION

EN DROIT ROMAIN ET EN DROIT FRANÇAIS.

THÈSE

PRÉSENTÉE A LA FACULTÉ DE DROIT DE POITIERS

POUR OBTENIR LE GRADE DE DOCTEUR

ET

SOUTENUE LE LUNDI 29 JUILLET 1872, A TROIS HEURES DU SOIR

DANS LA SALLE DES ACTES PUBLICS DE LA FACULTÉ

PAR

Henry LE GENDRE,

Avocat.

POITIERS

IMPRIMERIE DE A. DUPRÉ

RUE NATIONALE

—

1872

FACULTÉ DE DROIT DE POITIERS.

———

MM. LEPETIT ✻, *doyen, professeur de droit commercial.*
    BOURBEAU, C. ✻, *doyen honoraire, professeur de procédure civile et de législation criminelle.*
    RAGON ✻, *professeur de droit romain.*
    MARTIAL PERVINQUIÈRE, *professeur de droit romain.*
    DUCROCQ, *professeur de droit administratif.*
    ARNAULT DE LA MÉNARDIÈRE, *professeur de Code civil.*
    LECOURTOIS, *professeur de Code civil.*
    THÉZARD, *professeur de Code civil.*
    LE COQ, *agrégé, chargé d'un cours de droit pénal.*
    NORMAND, *agrégé.*

———

M. ARNAUD, *secrétaire agent comptable.*

———

COMMISSION :

PRÉSIDENT,	M. BOURBEAU (C. ✻).	
	M. RAGON, ✻,	
SUFFRAGANTS :	M. DUCROCQ,	} Professeurs.
	M. THÉZARD,	
	M. LE COQ,	Agrégé.

MEIS ET AMICIS.

DROIT ROMAIN.

PREMIÈRE PARTIE.

GÉNÉRALITÉS. — FORMES ET CONDITIONS DE L'ÉMANCIPATION.

I.—Puissance paternelle.
II.—Formes de l'émancipation ancienne.
III.—Formes de l'émancipation dans le droit impérial antérieur à Justinien.
IV.—Formes de l'émancipation depuis Justinien.
V.—Révocation de l'émancipation.

I.

1. La Providence, en condamnant l'homme à la faiblesse et à l'ignorance pendant les premières années de sa vie, a chargé ses père et mère de lui servir de guides et de protecteurs; et elle leur a conféré en même temps l'autorité nécessaire pour accomplir cette mission et pour faire l'éducation physique et morale de ceux à qui ils ont donné le jour. La naissance de l'enfant devient donc pour les parents une source de droits et de devoirs corrélatifs : l'ensemble des droits qu'ils acquièrent sur sa personne et sur ses biens constitue la puissance paternelle, institution

1

dérivant du droit naturel, et qui n'a pas besoin, pour exister partout et toujours, d'être consacrée par un texte de loi. Mais les législations écrites ont proclamé cette puissance ; elles ont donné une sanction à celles de ses règles qui en étaient susceptibles, et par là elles lui ont imprimé le caractère d'une institution de droit positif, soumise à toutes les variations qui peuvent résulter de la différence des temps et des lieux. Ainsi s'expliquent la diversité des règles auxquelles l'autorité paternelle a été soumise chez les différents peuples et les modifications si nombreuses qu'elle a eu à subir dans ses attributs ou dans sa durée par suite du changement des mœurs et des progrès de la civilisation.

2. Dès l'origine de Rome, les lois s'attachèrent à réglementer la puissance paternelle, et les historiens comme les jurisconsultes attribuent à Romulus lui-même les premières dispositions sur l'organisation de la famille et de la puissance paternelle ; mais c'est seulement dans la loi des Douze-Tables qu'on trouve le premier texte certain sur ce point, et le caractère absolu que cet antique monument du droit quiritaire imprime à l'autorité paternelle en a fait une institution à laquelle il n'y a rien de comparable chez les autres nations. Aussi Justinien lui-même était-il obligé d'avouer que le pouvoir paternel tel que l'avait organisé la législation romaine était tout particulier à ce peuple, et n'existait nulle part ailleurs avec la même force et le même absolutisme (1) ; et l'on a pu dire avec vérité que les

(1) Il dit aux Institutes, *de patria potest.*, § 2 : « Nulli alii sunt homines qui talem in liberos habeant potestatem qualem nos habemus. »

Romains avaient ici substitué l'intérêt au sentiment, méconnu et étouffé la loi de la nature, et créé le despotisme paternel au lieu d'en reconnaître la puissance. Sous l'empire de cette législation, en effet, le père de famille avait sur son enfant un pouvoir égal à celui du maître sur l'esclave, *quasi quoddam jus domini*, pesant non-seulement sur ses descendants, mais encore sur tous les individus entrés dans la famille par adoption, s'étendant à la personne et aux biens, constituant enfin une magistrature souveraine, sans limites comme sans contrôle.

3. Il était permis au père de famille de charger son enfant de fers, de le vendre, de le tuer ! Il avait toujours le droit de s'opposer à son mariage; malgré son fils ou sa fille, il pouvait répudier sa bru ou son gendre. Relativement aux biens, la condition du fils de famille n'était pas moins rigoureuse : il ne pouvait rien acquérir pour lui-même, ni exercer aucun droit en son propre nom. Les effets de ce pouvoir redoutable survivent même à celui qui l'exerce, car le chef de famille peut, par un acte solennel, exhéréder ses enfants en puissance, ou même se borner à les omettre : son testament est un acte souverain par lequel il dicte la loi à sa famille et dispose librement de son patrimoine et de la tutelle de ses enfants impubères.

Il peut encore, au moyen de la substitution pupillaire, faire le testament de ses enfants pour le cas où ils mourront avant l'âge de puberté, et alors même qu'il les a personnellement exhérédés.

4. Rome dut une semblable législation à la barbarie du siècle et des lieux au milieu desquels elle prit

naissance ; on y reconnaît aisément la férocité du législateur et de ses compagnons de brigandage et d'assassinat, qui, non contents d'édicter de pareilles lois, imprimèrent à leur œuvre un cachet de perpétuité que le temps ne put effacer. Aussi, tant que les mœurs romaines conservèrent leur âpreté et leur rudesse, la loi n'adoucit en rien sa sévérité primitive, et ce n'est qu'après une longue suite de siècles que le droit de vie et de mort cessa d'appartenir au père, et que l'institution des pécules vint apporter une restriction à ses droits exorbitants sur les biens de ses enfants.

5. Ce pouvoir despotique était le privilége du citoyen romain, et ne pouvait jamais appartenir à une femme, même sur ses propres enfants.

L'épouse qui ne passait pas dans la famille de son mari par suite de la *confarreatio*, de l'achat par *coemptio* ou de la prescription annale, restait soumise à la puissance de son père. Il est vrai qu'à la mort de celui-ci, elle devenait *materfamilias*, mais sans pouvoir jamais acquérir la puissance sur personne ; la famille dont elle était le chef finissait avec elle.

6. Peu à peu, cependant, la puissance paternelle perdit sa force et se modifia ; des constitutions impériales vinrent restreindre de plus en plus les pouvoirs exagérés du père, et accorder de nouveaux droits au fils de famille, qui commença à acquérir une personnalité distincte. On posa en principe que l'ascendant, vis-à-vis de son enfant, devait user de son autorité avec modération et douceur : « *In pietate, non in atrocitate,* » dit Marien. Il ne lui fut plus permis de tuer son descendant, non plus que de le vendre, si ce n'est

dans le cas d'extrême pauvreté et quand il était nou-
veau-né, *sanguinolentem ;* encore le père avait-il toujours le droit de reprendre son fils en désintéressant
l'acheteur. Antonin le Pieux lui retira la faculté de
forcer ses enfants à divorcer ; enfin l'abandon noxal
lui-même devint impossible à l'égard du fils de famille.

Les droits du père sur la fortune de ses enfants ne
furent pas moins diminués que son autorité sur leur
personne. Sous le règne d'Auguste, les biens acquis
à la guerre constituèrent le pécule *castrens*, dont le
fils de famille pouvait disposer à son gré. Plus tard,
sous Constantin, le même privilége s'attacha aux biens
acquis dans les fonctions de la cour, et composant le
pécule *quasi castrens*. Sous cette dénomination, on fit
rentrer successivement les profits amassés dans le bar-
reau, le sacerdoce, etc. Enfin, le même empereur
créa une troisième espèce de pécule, nommé *adventice*,
dont la nue-propriété appartenait au fils et l'usufruit
au père. Dans la suite, ce pécule finit par comprendre
tout ce qui ne venait pas du père.

7. Malgré ces modifications, même dans le dernier
état du droit, la législation romaine rappelle encore
sa sauvage origine. La puissance paternelle continue à
s'appuyer sur le droit civil et à rester étrangère à toutes
les affections de la nature. Le père seul est investi de
la puissance; la mère en est complétement exclue. Le
fils de famille reste de droit soumis à ce pouvoir tant
que dure l'existence de son père, à moins pourtant
que celui-ci ne l'émancipe; dans ce cas, les petits-enfants déjà nés restent sous la puissance de leur aïeul.

Quant aux biens, si l'on en excepte les pécules, dont

nous venons de parler, tout appartient au père; le fils ne possède rien. Il ne peut, même après sa majorité, s'obliger pour cause de prêt, et le consentement de son ascendant ne le rend point habile à faire un testament.

Ainsi modifiés par la civilisation, et surtout par le christianisme, dont tous les historiens s'accordent à constater l'heureuse et bienfaisante influence, il nous faut encore reconnaître que ces principes étaient contraires à toute idée de liberté, d'industrie ou de commerce, qu'ils dénaturaient étrangement, contrariaient et anéantissaient dans son essence la puissance paternelle elle-même, flétrissaient la vie de ceux qui s'y trouvaient soumis, et nuisaient de la manière la plus regrettable à la prospérité générale.

8. Bien qu'en principe le père de famille conservât ce pouvoir durant sa vie tout entière, la loi elle-même venait parfois l'en dépouiller et rendre à l'enfant cette liberté qu'il est juste d'accorder à tout individu en état de se diriger seul dans la vie. C'est ce qui avait lieu lorsque soit le père, soit l'enfant perdait le titre de citoyen de Rome; on le considérait alors comme mort quant à ses droits civils; il en était de même quand l'un ou l'autre devenait esclave.

Les droits de puissance du père de famille disparaissaient encore lorsqu'il tombait au pouvoir des ennemis. Parfois cependant, grâce à la fiction du *postliminium*, il rentrait dans la plénitude de ses droits antérieurs. Nous en dirons autant de la captivité du fils.

L'état militaire, la dignité de sénateur et de consul,

dans le dernier état du droit, faisaient disparaître la
puissance paternelle.

9. Dans toutes les hypothèses que nous venons
d'énumérer, la loi, qui domine tout, jusqu'au pouvoir
redoutable et sacré du père de famille, vient lui enlever, que celui-ci le veuille ou non, la puissance dont
elle l'avait investi, et faire tomber les liens étroits qui
entouraient l'enfant. Mais de pareils cas étaient rares,
et il dut arriver souvent que le fils aspirât à se soustraire à cette autorité pour devenir lui-même chef
d'une nouvelle famille, se constituer un patrimoine
propre, jouir enfin de l'indépendance et des droits
auxquels son âge et ses talents lui permettaient de prétendre ; et plus d'un père, en qui la voix du cœur faisait taire l'orgueil du citoyen, n'eût point hésité à
sacrifier à la prospérité et au bonheur de son enfant
les prérogatives exagérées qu'il tenait de la loi. Les
jurisconsultes trouvèrent bien vite un moyen indi-
rect de libérer l'enfant de la puissance paternelle, et
c'est de la loi des Douze-Tables qu'ils firent sortir
l'émancipation.

II.

10. L'étymologie du mot *émancipation* est toute
naturelle, et n'a donné lieu à aucune controverse. Ce
mot dérive évidemment de *mancipatio*, sorte d'acte
juridique qui, sous une forme symbolique, constituait
une aliénation faite avec certaines formalités : *per æs*

et libram. Aussi, à cette époque du droit, disait-on *emancipare agros, prædia,* etc., de même qu'on disait *liberos emancipare.* Peu à peu, le mot *emancipatio,* qui tenait d'abord à la forme de l'acte, finit par désigner le but et l'effet que se proposait le père, mettant fin à la puissance que la loi lui accordait sur son enfant.

11. Dans les premiers temps de Rome, le père ou, plus généralement, le chef de famille qui voulait faire sortir son descendant de puissance, n'avait aucun moyen direct d'arriver à ce résultat, et il était bien plus aisé pour le maître d'affranchir un esclave que pour un père d'émanciper son enfant. Dans les Institutes de Justinien, nous voyons en effet qu'à l'époque de la loi des Douze-Tables, l'émancipation était conférée à l'enfant au moyen de ventes fictives suivies d'affranchissements intermédiaires :« *per imaginarias venditiones et intercedentes manumissiones celebratur* (1). » Comme en matière d'adoption proprement dite, on utilisait la disposition contenue dans la quatrième table de la loi, ainsi conçue : « *Si le père vend trois fois son fils, que le fils soit libre de la puissance paternelle.* » Il suffisait dès lors d'accomplir les pres-

---

(1) Inst., t. XII, *quibus modis jus potest solvi.* — Malgré que Justinien semble dire le contraire, nous croyons qu'à l'époque de la loi des Douze-Tables il ne s'agissait pas de ventes fictives, mais bien d'aliénations véritables. C'est, du reste, ce que nous dit Denys d'Halicarnasse (lib. XII, *Antiq.*, cap. IV). Les lois, en effet, n'admettent de fiction que lorsqu'il s'agit de concilier l'ordre naturel avec l'équité ; mais ici il est bien plus simple de supposer la réalité des ventes dont nous parle la loi fondamentale des Romains. Bien plus tard seulement, la mancipation ainsi que les manumissions qui en étaient la conséquence devinrent fictives, et de ce moment date l'émancipation.

criptions de ce texte pour atteindre le résultat désiré, et l'esprit formaliste des Romains s'accommodait assez des fictions et des cérémonies extérieures pour leur permettre bientôt de simplifier et de faciliter les conditions de cet acte important.

12. Dès les premiers temps de Rome, les choses étaient divisées en deux grandes classes parfaitement distinctes, qu'il n'était pas permis de confondre, et dont l'acquisition s'opérait par des moyens différents. On connaissait alors les *res mancipi* et les *res nec mancipi*. Cette distinction existait très-probablement antérieurement à la loi des Douze-Tables ; nous en trouvons la preuve dans ce passage de Gaïus : « *Mulieres quæ in agnatorum tutela erant, res mancipi usucapi non poterant, præterquam si ab ipso tutore traditæ essent : id ita lege Duodecim Tabularum cautum.* »

13. Pour l'aliénation des *res mancipi*, la loi exigeait des formalités beaucoup plus nombreuses que pour celle des *res nec mancipi*, différence qui tient à la grande importance des choses comprises dans la première classe. Ainsi la propriété des *res mancipi* ne pouvait être transmise par le seul consentement : il fallait avoir recours à un acte juridique, sacramentel, à la *mancipatio*, forme primitive de tous les contrats chez les peuples d'origine latine, et composée de formules symboliques consacrées par la loi. Pour les *res nec mancipi* au contraire, plus de symboles, plus de formules ; la propriété en était transmise par la simple tradition.

14. Ulpien nous donne l'énumération des *res mancipi*. Pour en faire partie, il faut que la chose puisse

être saisie avec les mains, *manu capta;* elle doit avoir une individualité propre et distincte, caractère qui ne se rencontre que dans le sol, les êtres animés en général, et chez l'homme en particulier, qu'il soit libre ou esclave. Quant aux animaux, il ne faut y comprendre que ceux qui aident l'homme dans ses travaux; enfin on peut dire d'une manière générale que les *res mancipi* sont des choses créées par Dieu, et non par l'industrie de l'homme; aussi le nombre en est-il irrévocablement fixé.

15. Lorsqu'un père voulait conférer à son fils le bénéfice de l'émancipation, il commençait par le manciper à un tiers. La mancipation constituait ce qu'on appelait à Rome un acte légitime, ayant une forme symbolique, et dans lequel les paroles et les gestes étaient immuables et sacramentels. On y rencontrait cinq témoins, citoyens romains et pubères ; puis venait celui qu'on appelait le *libripens* ou porteur de la balance servant à peser les métaux précieux avant que l'on connût l'usage des espèces monnayées; enfin, il y avait encore l'acheteur, qui, au cas d'émancipation, tenait par la main l'enfant mis en vente, et disait : « *Hunc ego hominem ex jure quiritium meum esse aio, isque mihi emptus est hoc ære æneaque libra.* » Ces paroles prononcées, il frappait la balance avec le morceau d'airain que le vendeur acceptait comme prix de la vente, qui se trouvait alors parfaite (1).

L'acheteur affranchissait l'enfant qui venait de lui

(1) L'enfant donné *in mancipio* tombait dans un état assez voisin de l'esclavage; cependant il conservait toujours son titre d'homme libre. Peu à peu, le pouvoir de l'acheteur sur l'enfant s'adoucit singulièrement, et il lui fut défendu de l'outrager en aucune

être vendu au moyen de la *vindicte*, comme il aurait fait d'un esclave; la puissance du père de famille, disparue un instant, renaissait alors aussi forte que jamais, et, pour briser ces nouveaux liens, il fallait procéder à une seconde mancipation.

En vertu de la loi des Douze-Tables, qui veut que la puissance paternelle ne soit épuisée qu'après trois ventes successives (1), l'affranchissement qui suivait cette nouvelle aliénation faisait retomber une fois de plus l'enfant au pouvoir de son père, et ce n'était qu'après la troisième mancipation qu'un dernier affranchissement donnait à l'enfant une liberté irrévocable (2).

La loi étant restée muette à l'égard des filles et des petits-fils *ex filio*, les jurisconsultes en conclurent qu'une seule vente suffisait pour épuiser la puissance du père de famille.

16. Lorsque ces mancipations et ces affranchissements, de réels qu'ils étaient d'abord, furent devenus purement fictifs, en mancipant l'enfant, le père s'entendit avec un ami pour remplir sans interruption toutes ces formalités, qui auraient pu avoir lieu à intervalles séparés et avec des citoyens différents. Cet acte solennel reçut le nom d'émancipation (3).

façon. Plus tard encore, la mancipation, s'appliquant aux individus, ne servit plus qu'à mettre fin à la puissance paternelle. Sous Justinien, elle disparaît même complétement, ainsi qu'un autre droit de puissance s'exerçant à l'égard des femmes, et qu'on appelait la *manus.*

(1) « Si pater filium ter venum dicit, filius a patre liber esto. »

(2) Gaïus, 1, § 132.

(3) Très-probablement ces formalités furent usitées également pour libérer la femme de la puissance maritale. Cette opinion se trouve confirmée par les textes de Gaïus et d'Ulpien, qui mentionnent la tutelle sur la femme libérée de la *manus.*

Cette forme primitive de l'émancipation remplissait
complétement le but que s'étaient proposé les prudents, et détruisait la puissance paternelle d'une
manière absolue. Mais on s'aperçut bien vite des inconvénients qu'offrait ce mode de procéder : l'acquéreur en
effet, en sa qualité de *manumissor extraneus*, avait
sur l'enfant des droits de patronage, de tutelle et de
succession qui auraient dû bien plus naturellement revenir au père (1). Un pareil état de choses, si on l'eût
laissé subsister, aurait forcément restreint le nombre
des émancipations ; aussi essaya-t-on d'y remédier
par l'adjonction d'une clause de fiducie dans l'acte
même de mancipation, par laquelle l'acheteur s'enga-
geait formellement à restituer au père la propriété de
son enfant au moyen d'une vente nouvelle. Le père,
de cette façon, au lieu d'avoir son descendant *in
patria potestate*, l'avait *in mancipio*, en vertu du contrat de fiducie, et acquérait par l'affranchissement les
droits appartenant au patron (2).

17. L'émancipation était un acte purement volontaire de la part du père, et constituait pour le fils un

(1) Le préteur, modifiant ce que le droit civil avait de trop rigoureux, était déjà venu au secours du père naturel en préférant
dix parents de l'affranchi au patron lui-même. Mais cette modification, apportée par le droit prétorien, n'ayant été introduite
qu'au cas où il s'agissait d'un fils, le droit civil reprenait tout son
empire quand l'enfant affranchi était un petit-fils ou une fille ;
dans ce cas, le père de famille devait racheter son descendant,
sous peine de voir son hérédité passer entre les mains d'un *manumissor extraneus*. C'est, en effet, ce que nous dit Gaïus : « *Nam si
remancipatur sibi naturalis pater vel avus manumiserit, ipse eis in
hereditate succedit.* » Remarquons qu'ici, *nam* n'a pas son sens
ordinaire, il signifie *mais*.

(2) Gaïus, 1, 140.

bienfait qu'il n'était jamais en droit d'exiger. On ne pouvait, pour aucune raison , forcer le père légitime ou adoptif à émanciper son enfant. En outre , il était libre d'accorder l'émancipation à qui il voulait : ainsi le père de famille qui avait un enfant et des petits-enfants pouvait émanciper son fils et conserver sous son autorité ses petits-fils, ou bien émanciper seulement ses petits-fils, sans même consulter leur père, qu'il gardait sous sa puissance. Enfin il avait ce droit, quel que fût l'âge de l'enfant, et il pouvait ainsi le rendre *pater-familias* avant sa puberté ou même avant qu'il pût parler. Il fallait cependant que l'enfant qu'on voulait émanciper fût présent, et qu'il ne protestât pas contre l'émancipation (1).

III.

18. Une transformation progressive commencée par le droit prétorien s'opéra peu à peu non-seulement dans la constitution politique , mais encore dans le droit civil, dont les règles impératives et dures s'effacè-rent devant des principes plus naturels et plus doux. Seules, les formes extérieures étaient respectées, mal-gré les changements survenus dans les usages et dans la législation. En 503 seulement, sous le règne de

---

(1) « Filiusfamilias emancipari invitus non cogitur. » Paul , *Sent. II*, xxv, 8 5.

l'empereur Anastase, nous rencontrons pour la première fois un mode d'émancipation qu'on substitua enfin aux pratiques surannées de la *mancipatio*, et que les commentateurs prirent l'habitude d'appeler émancipation anastasienne.

En vertu de la loi nouvelle, il suffisait de s'adresser à l'empereur et d'en obtenir un rescrit autorisant l'émancipation. On faisait alors insinuer ce rescrit par un magistrat entre les mains duquel il était déposé, et l'enfant se trouvait libre. Le père n'avait pas le droit de donner procuration à un tiers pour l'accomplissement de ces formalités.

19. A la différence de ce qui avait lieu dans l'ancien droit, la présence du fils n'était plus exigée ; mais son consentement à l'émancipation n'en resta pas moins indispensable (1).

Ainsi que nous l'avons dit plus haut, l'ancienne législation romaine n'admettait pas que, dans aucun cas, l'enfant pût forcer son père à l'émanciper. Ce principe fut admis et conservé par les constitutions impériales (2) et par Justinien lui-même, mais quelques exceptions y furent apportées (3) : ainsi un enfant adopté avant sa puberté peut, au cas où l'adrogation devient désavantageuse pour lui, obtenir d'un magistrat com-

(1) « Nisi infantes sint, qui et sine consensu etiam hoc modo sui juris efficiuntur, » ajoute la loi romaine (L. 5, C., *de emancip. liber.* ; L. 8, 49).

(2) Un rescrit des empereurs Dioclétien et Maximien vint confirmer cette règle en ce qui regarde les petites-filles (L. 4, C., *de emancip. liber.*).

(3) Justinien dit, en effet : « Neque naturales liberi, neque adoptivi, ullo *pene* modo possunt cogere parentes de potestate sua eos dimittere. »

pétent le bénéfice de l'émancipation au moyen de l'*in integrum restitutio* (1). Le père naturel lui-même peut être, dans certains cas, forcé à émanciper son enfant. Trajan en avait décidé ainsi dans l'hypothèse d'un père maltraitant son fils injustement, et les empereurs Théodose et Valentinien veulent que la puissance paternelle soit immédiatement retirée à celui qui a prostitué ses filles malgré elles, *qui suis filiabus peccandi necessitatem imponunt* (2). Il en était encore de même lorsque le père avait exposé ses enfants.

20. Ce fut surtout dans l'intérêt de l'enfant que fut admise cette nouvelle manière de parvenir à l'émancipation. On décida même, par une faveur toute spéciale, que l'omission de quelques formalités de la part du père ne donnerait pas à celui-ci le droit de demander la nullité de l'émancipation.

C'est par application de ce principe qu'on refusa au père, après la mort de sa fille ayant toujours vécu comme une enfant émancipée et une mère de famille, le droit d'attaquer le testament qu'elle a fait et par lequel elle instituait des héritiers, sous le seul prétexte qu'il ne l'avait pas émancipée dans les formes légales (3).

21. Dans le même ordre d'idées, Antonin et Vérus avaient décidé que le père serait présumé avoir accordé l'émancipation lorsqu'il aurait laissé son fils vivre

---

(1) C'est à cette exception que Marcien fait allusion lorsqu'il dit : « Si pubes factus non expedire sibi in potestatem ejus redigi probaverit, æquum esse emancipari cum a patre adoptivo, atque ita pristinum jus recuperare (L. 33, lib. V, *Reg.*).

(2) C., L. 11, 40, 6.

(3) L. 25, Ulpien, lib. V, opinio.

longtemps en complète possession de ses droits et actions. Ainsi s'explique le langage de ces empereurs lorsqu'ils disent : « *Si filium tuum in potestate tua esse dicis, præses provinciæ æstimabit an audire te debeat; cum diu passus sis ut patri familias rei ejus agi per eos qui testamento matris tutores nominati fuerunt*(1). » C'était là le seul cas d'émancipation tacite qui existât en droit romain. Le mariage de ses fils n'apportait aucune modification à la puissance du père de famille ; il ne faisait, au contraire , que l'augmenter et l'étendre davantage , en ajoutant au nombre de ceux qui s'y trouvaient soumis les enfants issus de cette union.

IV.

22. Justinien, en montant sur le trône, confirma les formes de l'émancipation anastasienne ; mais, trouvant ces formalités encore trop compliquées, il résolut de les simplifier davantage, tout en conservant à cet acte important ses anciens effets (2). L'ascendant n'a plus qu'à se présenter directement devant le magistrat ou le juge compétent, et à y déclarer qu'il entend émanciper son fils , sa fille ou son petit-fils, peu im-

---

(1) L. 1, C., *de patria potest.*
(2) « Nostra autem providentia et hoc in melius per constitutionem reformavit, » dit-il aux Institutes, § 6, *quib. mod. jus potest solvi.*

porte le sexe ou le degré. La formule était ainsi conçue :
« *Hunc sui juris esse patior meaque manu mitto.* »

23. Justinien décida en outre que cette émancipation simplifiée aurait, à l'égard de l'ascendant, tous les effets de celle qui était faite avec contrat de fiducie ; et, conformément à l'édit du préteur, le père eut sur les biens de son enfant émancipé des droits identiques à ceux accordés au patron sur la fortune de l'affranchi, *quæ tribuuntur patrono in bonis liberti.* Enfin, si l'enfant devenu *sui juris* était encore impubère, la tutelle appartenait de plein droit à l'ascendant émancipateur (1) ; mais, par la suite, Justinien apporta à ces règles plusieurs modifications.

24. Cet empereur confirma les diverses restrictions apportées antérieurement au droit absolu du père de refuser l'émancipation, et il en ajouta une nouvelle en décidant que celui qui aurait contracté un mariage incestueux en serait puni par l'émancipation forcée de ses enfants, qui lui enlèveraient ses biens, sauf à lui fournir des aliments (2).

V.

25. En principe, l'émancipation faite avec les formes et les consentements requis était irrévocable : l'enfant sortait définitivement de la famille, et il ne pouvait

(1) Voilà qui constitue une différence bien tranchée entre le droit romain et la loi française. Chez nous, en effet, il n'existe pas de curatelle légitime, et l'on peut nommer aux fonctions de curateur tout autre que le père émancipateur.
(2) Nov. 12.

2

y rentrer qu'au moyen d'une adoption. Mais de même qu'un affranchi qui se montrait ingrat envers son patron pouvait être replongé dans la servitude, de même aussi l'enfant qui se rendait coupable envers son père de mauvais traitements et d'injures atroces pouvait être puni de son ingratitude par la révocation de son émancipation, dont le résultat était de le faire rentrer sous la puissance de son père. C'est ce que décide une constitution rendue à Milan, en 363, par les empereurs Valentinien, Valens et Gratien (1).

(1) L. un., C., *de ingrat. liberis*, 8, 50.

SECONDE PARTIE.

EFFETS DE L'ÉMANCIPATION.

I. — De la *capitis deminutio*.
II. — Effets relatifs à la famille et aux successions.
III. — Effets relatifs aux obligations actives et passives de
l'émancipé.

I.

26. Après avoir étudié l'origine et les formalités de l'émancipation, il nous faut passer à l'examen de ses effets, suivant les époques qui divisent à Rome le droit en trois périodes : le droit civil, le droit prétorien et les constitutions.

27. L'effet principal de l'émancipation était de rompre les liens de puissance qui assujettissaient l'enfant à son père, de donner au fils, en même temps que l'indépendance, la possibilité d'avoir une fortune à lui, de contracter des obligations valables, de vivre enfin de la vie civile en même temps que la vie du citoyen. Mais la loi romaine, semblant ne briser qu'à regret les entraves dont elle entourait le fils de famille, faisait découler de l'émancipation certaines déchéances qui rendaient moins précieux ce renoncement du père

aux priviléges qu'il tenait de la loi. Ces conséquences multiples et si différentes se rattachaient toutes à une cause commune, la *capitis deminutio*.

28. A Rome, l'état de la personne la plus favorisée au point de vue du droit privé se composait de trois éléments distincts : la liberté, la cité romaine ou *jus civitatis*, et enfin la famille. Nous donnerons une idée générale de la *capitis deminutio* en disant qu'elle se produisait chaque fois que, sous l'un des trois rapports que nous venons d'indiquer, l'état de la personne se trouvait subir un changement quelconque. C'est ce que nous dit clairement le jurisconsulte Paul (1). Ainsi, avec la liberté, on perdait forcément la cité et la famille : c'était la *maxima capitis deminutio*. En perdant la cité, on sortait de la famille, mais on conservait la liberté. Cet état constituait la *media capitis deminutio ;* enfin, la perte de la famille ne portait aucune atteinte à la liberté ni à la cité : l'état du citoyen était modifié, *status mutatur,* mais subsistait quand même, et l'émancipé qui sortait de sa famille civile pouvait encore dire : « *Habeo familiam.* » — *Nam et hic sui juris effectus propriam familiam habet,* dit Ulpien (2). La perte de la famille constituait donc la *minima capitis deminutio*. Gaïus (3) et après lui Justinien (4) nous apprennent, en effet, qu'elle atteignait l'enfant émancipé par son père, qui sortait alors de son ancienne famille pour devenir le chef d'une famille nouvelle. Il semble difficile, dans cette hypothèse, de justifier l'idée

(1) L. 11, D., *de capit. demin.,* 4, 5.
(2) L. 195, § 2, D., *de verb. signific.*
(3-4) Gaïus, 1, § 135. —Instit., § 3, *de capit. demin.*

d'amoindrissement, de dégradation contenue dans cette expression de *deminutio*, d'autant plus que l'émancipation donnait à l'enfant une capacité nouvelle et entière; mais cette contradiction apparente disparaît si l'on se reporte aux divers états par lesquels les formalités de l'émancipation ont fait passer l'enfant : avant que le dernier affranchissement ne l'eût rendu *paterfamilias*, la mancipation l'avait placé sous le *mancipium* de l'acquéreur; or cet état de quasi-servitude, cette *servilis causa* dont parle Paul, ne suffirait-elle pas déjà à expliquer l'expression de *capitis deminutio* ? Mais, sans remonter à ces formalités, qui, de bonne heure, ne furent plus que fictives, l'idée de *capitis deminutio* trouve sa justification dans le phénomène juridique produit par l'émancipation; si l'émancipé a fini par acquérir des droits importants et par devenir le chef d'une famille nouvelle, ce n'est qu'au prix de son ancienne personnalité civile, qu'en conséquence de la perte de sa famille et de tous les droits privés qui s'y rattachaient. L'idée de ces déchéances, de ces sacrifices par lesquels l'enfant doit acheter son indépendance, a prédominé dans le nom par lequel le législateur a qualifié l'acte juridique tout entier (1).

(1) D., 4, 5, *de cap. minut.*, 11, et 3-1°.

II.

20. L'agnation, ce lien de parenté civile qui unit entre eux les différents membres de la famille romaine, se trouve définitivement détruite par la *minima capitis deminutio* (1). L'enfant sort de son ancienne famille, et voit se briser les liens qui l'unissaient à ses ascendants et à ses autres parents soumis à la même puissance. Il est désormais indépendant, *paterfamilias*, et peut, quels que soient son âge et son sexe, contracter mariage sans consulter son père. Il n'a plus de parenté civile avec personne; il devient le chef d'une famille composée uniquement de sa femme, qui le suit dans sa nouvelle condition en vertu du caractère d'union indivisible reconnu au mariage, et dans laquelle entreront ses enfants conçus après la troisième mancipation, et les personnes qu'il pourra adopter.

En face de modifications aussi radicales apportées à la position de l'émancipé dans la société romaine, il nous est facile de pressentir quels effets importants l'émancipation entraînait avec elle, tant à l'égard de l'émancipé qu'en ce qui touche ses parents eux-mêmes.

---

(1) Mais la cognation subsistait non-seulement après la *minima capitis deminutio*, mais encore au cas où la parenté civile disparaissait par suite de la *media* ou de la *maxima capitis deminutio*. C'est bien là ce que Gaïus nous dit en termes absolus, et ce qu'il faut admettre, malgré que Justinien ait l'air de nous enseigner le contraire (Gaïus, *Comment.* l, § 135; Instit., § 3, *de capit. deminut.*). Il en résultait que les empêchements au mariage consacrés par

SECTION PREMIÈRE.

EFFETS RELATIFS A L'ÉMANCIPÉ.

30. La perte de l'agnation entraîne de graves conséquences dans l'ordre religieux : l'émancipé perd le
culte domestique et les *sacra privata ;* il ne peut plus
prendre part aux rites et aux sacrifices offerts aux divi-
nités protectrices du foyer paternel, tradition sainte
qui se transmettait pieusement aux héritiers comme
la partie la plus précieuse du patrimoine de la famille.

31. Mais dans l'ordre privé, les intérêts sont bien
plus importants encore. Le fils de famille, il est vrai,
ne pouvait avoir en propre aucune propriété ; tout ce
qu'il gagnait par son travail et son industrie tombait
aussitôt dans le patrimoine paternel, sans qu'il lui
en restât rien ; il n'avait enfin aucun avantage actuel ;
mais, en revanche, il possédait un droit éventuel qui se
changeait, à la mort du chef, en une propriété véritable et exclusive. L'émancipation enlevait à l'enfant ce
droit éventuel ; pour fortune, il n'avait que celle qu'il
pouvait amasser après être devenu *sui juris,* et, le plus
souvent, son père, en l'émancipant, lui retirait la jouissance des pécules qu'il était en usage d'abandonner
aux fils de famille.

32. Tous les droits de succession de l'émancipé

la loi continuaient à subsister. Il en était de même dans l'ordre
politique ; l'émancipation d'un magistrat, d'un sénateur ou d'un
consul n'exerçait aucune influence sur les fonctions dont il était
revêtu. Seulement il est probable que l'enfant passait dans une
autre classe de citoyens relativement à l'impôt et au vote.

étaient aussi anéantis. Les liens d'agnation étant rompus, l'enfant restait sans droits à l'égard de ceux qui furent ses agnats, et les conséquences de ce principe étaient poussées à ce point, que les biens de son ancien parent devenaient la propriété de l'État plutôt que de lui être attribués, à défaut d'héritier, au degré successible, et cela alors même que l'émancipé eût été le fils ou le père du *de cujus*. Les droits de tutelle et de succession attachés à la gentilité disparaissaient également.

33. Enfin, l'émancipé se voit enlever les tutelles dont il était chargé; mais cette déchéance ne s'applique qu'aux tutelles établies par la loi des Douze-Tables, à celle des agnats, par exemple; l'émancipé conserve toutes celles qui dérivent d'une autre loi, ainsi que les tutelles testamentaires ou datives. Cependant, à l'époque où la femme était soumise à une tutelle perpétuelle, lorsque son tuteur, usant du droit que lui conférait la loi, cédait cette tutelle à une autre personne, l'émancipation du cédant, aussi bien que celle du cessionnaire, faisait cesser leurs pouvoirs, qui passaient alors au plus proche agnat de la femme (1).

34. Nous avons vu quels étaient les résultats rigoureux, injustes même, que la loi faisait produire à l'émancipation. Mais peu à peu la législation s'adoucit par la marche du temps et les progrès de la civilisation. C'est au préteur qu'on doit les premiers changements importants en cette matière.

35. Instituée au IVe siècle de Rome, la préture fut

(1) Gaïus, 1, 170.

une des institutions les plus remarquables et les plus bienfaisantes de la république ; elle conférait au magistrat qui en était investi la mission d'être l'organe du droit civil, de suppléer à son silence, et d'en corriger la rigueur. Il n'est pas permis au préteur d'abroger expressément une loi ; mais, prenant pour règle l'équité et la justice, il en diminue et tempère la sévérité, et allie ainsi le respect du droit primitif avec la nécessité de pourvoir aux besoins nouveaux de chaque jour (1). D'année en année, le préteur transmet à ses successeurs les modifications que lui inspirent la justice et la raison ; et c'est ainsi que, parallèlement au droit civil, se développent et se perfectionnent les principes traditionnels qui constituent le droit prétorien.

36. En matière d'émancipation, le préteur ne pouvait manquer de voir une criante injustice dans ces deux règles de l'ancienne loi, dont l'une excluait l'émancipé de la succession de ses anciens parents, et l'autre permettait au fils, contre tous les principes et les sentiments naturels, d'exhéréder son père émancipateur.

La loi des Douze-Tables, dans son système de dévolution de l'hérédité, ne tenait aucun compte de la parenté naturelle, et, l'agnation disparue, sacrifiait complétement les enfants émancipés (2). Il y avait là une

(1) Laferrière a dit dans son *Histoire du droit*, en parlant du préteur : « Il réalise l'union des deux principes qui font la vie des sociétés : la conservation et le progrès. »
(2) Justinien nous dit, en effet : « Emancipati liberi jure civili nihil juris habent. Neque enim sui heredes sunt, quia in potestate parentis esse desierunt, neque ullo alio jure per legem Duodecim Tabularum vocantur. »

rigueur qu'il était du devoir du préteur d'adoucir, en établissant un autre ordre de succession qui eût pour principe le lien du sang, tout en n'abrogeant pas la loi décemvirale. *Naturali æquitate motus*, il sut habilement profiter du droit qu'il avait de délivrer et de maintenir à l'héritier la possession des biens du *de cujus* pour attribuer cette hérédité non plus à l'héritier légal, mais à d'autres parents dont la vocation lui paraissait conforme à l'équité et au droit naturel. Il ne tenait aucun compte de l'émancipation, traitant les enfants émancipés comme s'ils eussent encore été sous puissance, qu'il y eût ou non des frères ou sœurs restés *sui heredes;* dans tous les cas, il leur accordait la *bonorum possessio unde liberi* (1). Les émancipés jouissaient de ce droit lors même qu'ils étaient entrés dans une famille étrangère par voie d'adoption ou d'adrogation, pourvu que l'émancipation les en eût fait sortir avant la mort de leur père naturel : *Perinde admittitur ad bona naturalis patris ac si emancipatus ab ipso esset nec unquam in adoptiva familia fuisset* (2).

(1) Le préteur ne peut donner l'hérédité; car *prætor heredes facere non potest* (Inst., § 9, *de heredit. quæ ab intest. defer.*, § 2, *de bon. poss.*).

(2) Inst., *de heredit. quæ ab intest. defer.* Si l'enfant donné en adoption se trouve encore dans sa famille adoptive à la mort de son père naturel, il n'a aucun droit à la succession de ce dernier. S'il en était autrement, il dépendrait du père adoptif de faire arriver l'enfant à la succession de son père, à l'exclusion de ses agnats.

Justinien prévoit seulement le cas où l'enfant adopté a d'abord été émancipé par son père, puis s'est donné lui-même en adrogation. Cela tient à ce que, sous Justinien, le père conserve la puissance paternelle sur l'enfant qu'il donne en adoption (à moins cependant que l'adoptant ne soit un ascendant). Mais avant Justinien, même solution au cas où l'enfant était donné en adoption par son père,

37. Si le fils émancipé est mort, lors de l'ouverture de la succession de son père *jure civili*, ses enfants conçus depuis l'émancipation n'ont aucun droit à son hérédité; mais le préteur vient à leur secours en les appelant, à la place de leur père, dans la succession de l'aïeul, grâce à la *bonorum possessio unde liberi* (1).

38. Dans un cas particulier, le préteur ne voulut exclusivement appliquer ni les règles du droit civil pur, ni celles tout opposées du droit prétorien, mais il puisa sa décision à ces deux sources contraires. Un *de cujus* laisse un fils émancipé et des petits-enfants issus de ce fils et restés sous sa puissance : *jure civili*, les petits-enfants seraient seuls appelés à la succession de leur aïeul ; *jure prætorio*, au contraire, et grâce à la possession de biens *unde liberi*, l'émancipation étant considérée comme non avenue, le fils aurait dû succéder à son père, à l'exclusion de tous autres. Mais le préteur, voyant dans l'application de ce principe une injustice à l'égard des petits-enfants, admit une sorte de transaction accordant moitié au prix émancipé, moitié aux enfants, dans la succession de l'aïeul émancipateur (2).

39. Le préteur n'introduisit jamais les émancipés dans l'ordre des agnats, ni dans celui des *gentiles*, qui étaient de création purement civile. Mais, lorsque ces deux ordres faisaient défaut, la succession n'était plus dévolue au fisc : l'édit appelait un nouvel ordre d'hé-

(1) Pomponius, L. 5, § 1, *in fine*, Dig., *si tabulæ testam. nullæ*, 38, 6.
(2) « Hoc edictum, nous dit Ulpien, æquissimum est : ut neque emancipatus solus veniat et excludat nepotes in potestate manentes, neque nepotes jure potestatis objiciantur patri suo. »

ritiers tout entier de sa création : c'était celui des
cognats, parents unis seulement par les liens du sang.
Les émancipés se trouvaient compris dans cette classe
de successibles ; ils pouvaient obtenir à ce titre la
bonorum possessio unde cognati que le préteur déférait au plus proche cognat, mais qui n'était accordée
que jusqu'au sixième degré de parenté, et, dans le sep-
tième, aux enfants de cousin issu de germains (1).

40. Le préteur n'avait accordé de droits *ab intestat*
à l'émancipé que dans la succession paternelle, et à
défaut d'agnats dans l'hérédité des cognats ; les constitutions impériales le favorisèrent davantage encore,
tout en laissant une prédominance aux appelés qui
pouvaient invoquer le droit ancien. Les réformes furent timides et souvent inconséquentes. Ainsi, vers
la fin du vi⁰ siècle et le commencement du vii⁰,
Anastase décida que les frères ou sœurs seraient considérés comme ayant conservé leur qualité d'agnats
nonobstant leur émancipation, et viendraient à l'hérédité concurremment avec les autres frères non
émancipés (2). La constitution d'Anastase ne nous est
pas parvenue, mais nous savons que, dans ce dernier

(1) Justinien nous dit (princ. *de succ. cogn.*, Inst., III, 5) « : Post
suos heredes eosque quos inter suos heredes prætor et constitutiones vocant, et post legitimos quorum numero sunt agnati et hi
quos in locum agnatorum tam supra dicta senatusconsulta quam
nostra erexit constitutio, proximos cognatos prætor vocat. »
(2) Aux Institutes, ł 1, *de success. cognat.* (III, 5), Justinien s'exprime ainsi : « Eos lex Anastasia cum fratribus integri juris con-
stitutis, vocat quidem ad legitimam fratris hereditatem, sive sororis,
non æquis tamen partibus, sed cum aliqua deminutione quam
facile est ex ipsius constitutionis verbis colligere ; aliis vero agna-
tis inferioris gradus, licet capitis deminutionem passi non sint,
tamen eos anteponit, et procul dubio cognatis. »

cas, les émancipés ne prenaient dans la succession qu'une part équivalente à la moitié de ce que prenaient les enfants restés sous puissance. C'est ce que nous dit positivement Théophile (1); encore ce droit ne s'étendait-il pas aux enfants de l'émancipé.

41. Sous Justinien, les droits successifs de l'émancipé sont singulièrement augmentés. Lorsqu'il vient à l'hérédité de ses frères et sœurs en concours avec d'autres frères restés sous puissance, il partage avec eux sans diminution, et la même faveur est accordée à ses enfants au premier degré. Justinien supprime la règle d'après laquelle les enfants de la sœur, même germaine ou consanguine du *de cujus*, étaient, relativement à lui, de simples cognats ; il alla jusqu'à décider que les enfants de la sœur même utérine viendraient désormais à l'hérédité légitime comme les enfants du père.

Enfin, au cas où un enfant donné en adoption était émancipé après la mort de son père naturel, Justinien, faisant disparaître l'injustice qu'avaient laissé subsister le préteur et les constitutions impériales, déclara que l'enfant adoptif d'un étranger conserverait tous ses droits à la succession de son père naturel, et que son émancipation postérieure ne pourrait pas les lui enlever.

42. Les descendants du *de cujus* appelés à l'hérédité par le préteur faisaient éprouver un certain préjudice aux héritiers siens, obligés de subir un con-

---

(1) « Capite deminutus quatuor uncias, integri autem juris frater duplum, id est octo uncias, capit. » (Traduction latine de Reitz.)

cours qu'ils n'eussent pas supporté d'après les seuls
principes du pur droit civil. Or il aurait été injuste
que l'émancipé fût venu partager tout le patrimoine
paternel, que le travail des enfants en puissance avait
contribué à augmenter, tandis qu'il eût conservé l'in-
tégrité des biens que l'émancipation lui avait permis
d'acquérir séparément. En voulant corriger une ini-
quité, le préteur en aurait commis une plus grande
encore. Il sut l'éviter en imposant certaines charges
aux émancipés admis au partage de la succession.
Il étendit aux biens amassés depuis l'émancipation la
fiction qui faisait regarder l'émancipé comme étant
toujours resté sous l'autorité de son père ; ces biens
devaient être rapportés à la masse héréditaire, et le
partage avait lieu ensuite par égale portion entre tous
les appelés (1). Telle fut l'origine de la *collatio bonorum*, qui, à Rome, occupait la place que tient le *rapport* dans notre législation.

43. Chez les Romains, le rapport constituait un
hommage rendu à l'équité, qui demande impérieusement l'égalité dans les partages. Avec sa logique ordinaire, le législateur distinguait le legs de la donation
entre-vifs, et il n'ordonnait jamais le rapport que de la
dot et autres libéralités faites *inter vivos*. Ajoutons
qu'à la différence de ce qui existe chez nous, la *collatio
bonorum* n'avait lieu qu'entre descendants, jamais
entre collatéraux ; encore n'était-elle établie que pour

(1) Cum prætor ad bonorum possessionem emancipatos admit-
tat, participesque faciat, cum his qui sunt in potestate, bonorum
paternorum consequens esse credit ut sua quoque bona in medium
conferant qui appetant paterna (*L. 1, princ. D., de collat. bonor.*,
37, 6).

le cas de concours de *sui* avec les émancipés, mais jamais lorsque tous étaient soit héritiers siens, soit émancipés (1) : juste et logique application du principe d'égalité qui poussa le préteur à faire entrer le rapport dans la législation de Rome.

La *collatio bonorum* ne devait profiter qu'aux enfants *in potestate;* si donc il y avait deux héritiers siens et deux émancipés, les biens paternels se divisaient en quatre parts ; mais les biens apportés par chaque émancipé ne se partageaient qu'entre lui et ses deux cohéritiers *sui.* Et quand le père émancipé concourait avec ses enfants sur la portion afférente à sa branche dans l'hérédité de l'aïeul, il ne devait la *collatio* qu'à ses propres enfants, mais non à ses frères, auxquels son concours ne causait aucun préjudice.

Le fils émancipé n'est point tenu de rapporter à ses frères en puissance les choses qu'il a données en dot à sa fille, parce qu'elles ne sont plus dans ses biens (2). Mais, bien entendu, ce n'est que durant le mariage de sa fille que le père est dispensé du rapport ; car si la fille était morte dans le mariage, de façon que la dot lui fût revenue, il serait obligé de la rapporter, puisqu'elle est rentrée dans ses biens.

44. Justinien ordonna indistinctement le rapport entre tous les enfants émancipés ou en puissance (3). Dès lors, la *collatio* ne fut plus restreinte aux succes-

(1) LL. 9 et 12, ff. *de collat.*
(2) Filium emancipatum dotem quam filiæ suæ nomine dedit, conferre non debere, quia non sicut in matrisfamilias bonis esse dos intelligatur, ita et in patris a quo sit profecta (L. 4, D., *de collat. bon.*).
(3) Nov. 118, ch. III et IV.

sions *ab intestat*, et celui des enfants émancipés auquel le défunt avait fait une libéralité entre-vifs dut la rapporter aux autres enfants compris dans l'institution d'héritier (1) ; le rapport fut aussi modifié quant aux choses qui s'y trouvaient soumises. Justinien y assujettit d'une manière générale les donations de toute espèce, sans jamais cependant y soumettre les legs (2). Les pécules *castrens* et *quasi castrens*, ainsi que les biens adventices, échappaient à l'obligation du rapport ; mais la loi n'en dispensait pas les biens profectices.

45. Comme chez nous, en s'abstenant de la succession, le donataire pouvait retenir les objets donnés ; mais s'il venait au partage, il fallait, pour qu'il pût les conserver, une dispense expresse du donateur. Plus tard, on attacha au silence de celui-ci l'effet d'une dispense (3) ; mais Justinien fit retour aux anciens principes, par ce motif qu'un effet si important ne devait pas dépendre d'une négligence ou d'un simple oubli.

46. Il ne suffisait pas de protéger l'enfant en l'appelant à la succession *ab intestat* de son père ; il fallait encore empêcher que celui-ci ne dépouillât trop aisément, par un acte de dernière volonté, l'émancipé des biens qui lui devaient revenir ; aussi le préteur im-

(1) Nov. 18. ch. IV.
(2) M. Levasseur a émis l'opinion contraire en expliquant la novelle 18, ch. VI ; mais M. Grenier prouve clairement que tel n'a pas été le sens de la novelle et que le rapport n'avait lieu que pour les choses données entre-vifs. Telle était aussi l'interprétation des anciens auteurs.
(3) L. 25, ff. *famil. ercisc.*, § 7, ch. 1, C., *de coll. bon.*

posa-t-il au père de famille la nécessité d'une exhérédation nominative de tous ses descendants mâles,
émancipés ou non, et non plus seulement de ses fils
en puissance. Si le père omettait son fils ou son petit-
fils émancipé, le préteur annihilait le testament en lui
accordant une *bonorum possessio contra tabulas*, qui,
en réduisant le testament *ad non esse*, donnait aux
émancipés le droit de recueillir toute la succession ou
de la partager avec leurs frères en puissance; cette
bonorum possessio peut même être réclamée par leurs
créanciers, s'ils ne la demandent pas personnellement (1). Dans le principe, les mêmes droits étaient
accordés à la fille émancipée omise dans le testament
de son père; mais plus tard, un rescrit d'Antonin le
Pieux réduisit son bénéfice à la part qu'elle aurait
prise dans la succession en vertu du *jus accrescendi*
auquel donnait lieu primitivement son omission (2).
Enfin les enfants du fils nés après son émancipation
obtinrent également cette *bonorum possessio* pour
venir à l'hérédité de leur aïeul, s'il les avait passés sous
silence dans son testament.

47. Bien que l'émancipé succédât en concours avec
l'héritier sien, il continua d'exister plusieurs diffé-
rences entre leurs droits respectifs. D'abord, l'émancipé n'eut jamais la qualité de *heres suus*, et il dut toujours demander l'envoi en possession dans l'année;

· (1) Bien que les Romains fassent toujours passer l'hérédité testamentaire avant la succession *ab intestal*, nous nous sommes
écarté à dessein de l'ordre suivi par les lois romaines, notre manière de procéder nous ayant semblé plus en harmonie avec la
matière dont nous avons entrepris l'étude.

(2) Paul, 3, 4, 8.

sinon les institués obtenaient la *bonorum possessio secundum tabulas*, dont le bénéfice ne pouvait leur être enlevé que par une *petitio hereditatis*. En outre, l'émancipé omis n'avait d'autres ressources que la *bonorum possessio contra tabulas*, tandis que, dans le cas de testament nuncupatif, l'*heres suus* obtenait la *bonorum possessio unde liberi*. Enfin le préteur avait assujetti l'émancipé seul à payer les legs privilégiés contenus dans le testament du père émancipateur.

48. Pour déférer la *bonorum possessio unde liberi* et la *bonorum possessio contra tabulas*, le préteur s'attachait à la proximité du degré de cognation. Ce principe entraînait cette conséquence que les petits-enfants restés sous la puissance de l'aïeul, et qui avaient pris dans la famille la place de leur père émancipé, étaient exclus par lui de l'hérédité de cet aïeul ; mais, ainsi que nous l'avons vu, Salvius Julianus corrigea, dans une certaine mesure, ce qu'un pareil résultat pouvait avoir de choquant (1).

49. Malgré toutes ces innovations, l'émancipé pouvait encore être complétement exclu de la succession de son père, si ce dernier l'exhérédait *nominatim* par son testament. Déjà, vers la fin de la République, une institution due au travail des prudents, la *querela inofficiosi testamenti*, avait fourni aux enfants en puissance le moyen de faire rescinder l'exhérédation qui les frappait : ils obtenaient l'annulation du testament si le père n'avait eu aucun motif pour les exhéréder et

(1) Voir le nº 38, p. 31.

s'il ne leur laissait pas une portion de ses biens, réglée d'abord par les centumvirs, et qui devint plus tard la quarte légitime. Le préteur étendit le bénéfice de cette *querela* aux enfants émancipés exhérédés sans motif par leur père. Mais, pour intenter cette plainte d'inofficiosité, il fallait être héritier ou *bonorum possessor*. Or l'émancipé n'était pas héritier ; d'un côté, l'existence du testament s'opposait à ce qu'il pût venir à l'hérédité par la *possessio bonorum unde liberi ;* de l'autre, ayant été exhérédé nominativement, il ne lui était pas permis d'invoquer la *bonorum possessio contra tabulas.* Une fois de plus, le préteur vint à son secours en lui délivrant une *bonorum possessio litis instituendæ causa,* qui lui conférait le titre de *bonorum possessor,* et, par suite, le droit d'intenter la *querela.* Le but du préteur était atteint ; l'enfant, dès lors, dans tous les cas possibles, put obtenir une part de la succession paternelle (1).

(1) Il y a un grave intérêt à distinguer si un enfant émancipé arrive à la succession de son ascendant par la *bonorum possessio unde liberi,* ou par la *bonorum possessio contra tabulas.* Dans le premier cas, l'enfant n'a aucune disposition testamentaire à payer ; il peut être tenu d'acquitter les legs dans le second. Dans les deux cas, par exception à la règle générale, la *bonorum possessio* est donnée *cum re.* Dans cette hypothèse, le préteur ne tient pas compte de la *capitis deminutio.* Justinien fit disparaître la distinction entre la *bonorum possessio* donnée *cum re* et la *bonorum possessio* donnée *sine re* (Voir Ulp., *Fragm. XXVIII,* § 13).

SECTION II.

50. L'émancipation a pour conséquence de faire perdre au père émancipateur la puissance paternelle et les divers attributs de ce pouvoir : il n'a plus aucune autorité sur son fils, ni aucun droit sur les biens que celui-ci pourra acquérir par la suite. D'après l'ancienne législation la succession de l'enfant émancipé passait d'abord à ses héritiers siens , en second ordre au patron et, subsidiairement, aux enfants de ce patron. Ainsi, par une préférence injuste à l'égard du père, on déférait l'hérédité au citoyen qui était intervenu avec lui dans l'émancipation. Mais, lorsque l'usage du contrat de *fiducie* se fut introduit, le père émancipateur, ayant la qualité de patron, put dès lors acquérir la succession de l'émancipé ; à défaut du père, l'hérédité était dévolue à ses enfants.

51. Lorsque l'émancipé n'avait pas encore atteint l'âge de puberté, c'est-à-dire quatorze ou douze ans, selon son sexe, il fallait pourvoir à la tutelle. La loi des Douze-Tables était muette sur ce point ; mais les jurisconsultes appliquèrent le principe que là où est l'avantage de la succession, là doit être la charge de la tutelle : *Ubi successionis emolumentum est, ibi tutelæ onus esse debet.* En conséquence, l'émancipé impubère reçut primitivement pour tuteur le citoyen qui avait opéré la manumission, et, dans la suite, le père émancipateur lui-même. C'était là une tutelle fiduciaire, puisqu'elle résultait d'un acte fait avec la clause de

fiducie ; mais, par honneur pour le père, on lui attribua le titre de tuteur légitime. A sa mort, ce droit passait à ses enfants, qui devenaient tuteurs de leur agnat émancipé. Le père pouvait, en outre, nommer par testament un tuteur à son fils ; et, bien qu'aucun texte ne lui conférât ce privilége, il était admis unanimement que le magistrat devait confirmer cette nomination. Ces règles s'appliquaient aussi bien à la fille émancipée qu'au fils ; mais, à raison du caractère de perpétuité qui s'attachait à la tutelle des femmes, l'émancipateur avait la faculté de céder cette charge à un tiers, qui la conservait jusqu'à sa mort ou au décès de l'émancipateur ; et même, contrairement au droit commun, la femme placée sous la tutelle du père émancipateur n'avait pas, lorsque celui-ci était absent, le droit de le faire remplacer définitivement par un autre tuteur ; elle pouvait seulement demander qu'il lui fût nommé un tuteur *ad certam .causam*, par exemple, pour faire adition d'hérédité (1).

52. Le préteur apporta de nombreux changements à ce système suranné ; il commença par appeler en concours avec les héritiers siens de l'émancipé ses enfants émancipés et ceux que leur aïeul avait conservés sous sa puissance en l'émancipant : ils obtinrent la *bonorum possessio unde liberi*. En outre, à défaut de l'émancipateur, l'édit appela au troisième rang les plus proches parents de l'émancipé, *unde cognati*, et après eux son conjoint, *unde vir et uxor*.

53. Le préteur fit encore une innovation aux anciens

(1) Gaïus, 1, 173.

principes en modifiant les droits du patron, suivant qu'il s'agissait d'un étranger, *manumissor extraneus*, ou du père lui-même. Dans le premier cas, il établit une *bonorum possessio unde decem personæ* en faveur des dix plus proches cognats de l'émancipé, et il les appela à l'hérédité de préférence à l'émancipateur, qui ne vint plus qu'au troisième rang : *unde legitimi.* Mais, pour que les cognats fussent en droit d'invoquer la *bonorum possessio unde decem personæ*, l'émancipation devait avoir eu lieu *sine contracta fiducia;* aussi était-elle d'une application assez rare. Ulpien n'en dit rien dans ses *Fragments.* Nous retrouvons, du reste, cette *possessio* parfaitement indiquée par le même jurisconsulte dans un passage de la *Collatio legum Mosaïcarum* (1).

. 54. Sous Antonin le Pieux, le sénatus - consulte *tertullien* avait réglé les droits de la mère à la succession de son enfant. Exclue lorsqu'elle venait en concours directement avec les descendants, le père ou les frères consanguins du défunt, elle partageait avec la sœur consanguine, si elle concourait avec elle seule ; mais son droit était subordonné à cette condition que, ingénue, elle eût trois enfants, quatre si elle était affranchie. Plus tard, Constantin décida qu'en concours avec les oncles paternels ou les cousins paternels de son enfant, la mère prendrait les deux tiers si elle avait le *jus liberorum*, et le tiers seulement si elle n'avait pas le nombre d'enfants voulu. Ces droits de succession subsistaient malgré l'émancipation de la

(1) T. XVI, ch. IX, § 2.

personne appelée, parce qu'ils étaient attribués en raison de la parenté du sang. Valentinien et Valens déclarèrent formellement que l'émancipation n'enleverait plus au frère consanguin le droit de concourir avec la mère, qui se verrait enlever le tiers ou les deux tiers de l'hérédité, suivant qu'elle aurait ou non le *jus liberorum* (1).

55. Sous le règne de Claude, en vertu du sénatus-consulte *orphitien*, les enfants d'une mère, même émancipée, passèrent avant le père émancipateur. Théodose et Valentinien donnèrent également aux petits-enfants devenus *sui juris* par l'émancipation le droit de venir à la succession de leur aïeul par la *bonorum possessio unde legitimi*.

56. Justinien trouva qu'on avait eu tort de priver de la succession de son enfant la femme *quæ ter vel quater non peperit : quid enim peccavit si non plures sed paucos peperit?* Il décida donc que la mère, dont les droits à la succession ne sont pas détruits par l'émancipation, est dispensée d'avoir le *jus liberorum* pour recueillir; il lui donna, en un mot, le *jus legitimum plenum*. Si elle concourt avec des sœurs, elle prend la moitié de l'hérédité; si elle vient avec des frères et des sœurs, le partage a lieu par tête. Si le père est encore vivant, les frères et sœurs ont la propriété du tout, et laissent seulement au père et à la mère l'usufruit des deux tiers de la succession (2).

---

(1) D., 38, 17, *ad sen. cons. Tertul.*, 1-8°.
(2) Même avant Justinien, des constitutions impériales avaient déjà modifié le système du sénatus-consulte tertullien. Justinien fait allusion à ces deux constitutions dans les Institutes : « Antea

57. En décidant que l'émancipation serait toujours censée faite avec fiducie, Justinien avait assuré au père émancipateur les droits de succession et de tutelle dont il jouissait anciennement. Mais il modifia le rang du père dans l'hérédité, dont il régla la dévolution comme celle des pécules : il appela en premier ordre les enfants de l'émancipé, en second ordre ses frères et sœurs, et au troisième rang seulement l'ascendant émancipateur (1).

58. L'ancien système de succession se trouvait compliqué et étrangement dénaturé par les exceptions nombreuses qu'y avaient apportées les préteurs et les constitutions impériales. Justinien comprit qu'il était urgent de refondre cette législation des premiers âges et de la mettre en harmonie avec les progrès de la civilisation et l'adoucissement des mœurs. Laissant de côté l'intérêt politique, qui seul jusque-là avait guidé le législateur, il y substitua un système fondé sur l'affection dans la famille, et fit ainsi disparaître les divergences produites par les règles arbitraires de l'ancien droit. Par la novelle 118, Justinien établit un nouveau système de succession *ab intestat* (2) en supprimant dans les Institutes et le Code les antiques distinctions établies entre les agnats et les cognats, entre la pos-

constitutiones jura legitimæ successionis perscrutantes, partim matrem adjuvabant, partim eam prægravabant, et non in solidum eam vocabant, sed in quibusdam casibus tertiam e parem abstrahentes, certis legitimis dabant personis, in aliis autem contrarium faciebant. » (Inst., § 5, *de sen. cons. Tertull.*)

(1) C. 6, 56, *ad sen. cons. Tertull.*, 2.

(2) C'est ce qu'indique la rubrique même de la novelle : « Constitutio quæ jura agnatorum tollit et successiones ab intestato definit. »

session de biens et l'hérédité. Trois ordres de successibles sont établis : 1° les descendants, avec droit de représentation à l'infini ; 2° les ascendants, en concours avec les frères et sœurs germains et descendants d'eux ; 3° les frères ou sœurs *ex uno latere* et leurs enfants ; 4° les autres collatéraux. En un mot, tous les droits de succession reposent sur la parenté naturelle, la cognation. Les mêmes règles régissent à la fois la dévolution de l'hérédité du père de famille et celle de la succession du fils en puissance ; enfin, l'émancipation n'a plus aucune influence sur les droits successifs du père ni de l'enfant.

59. En émancipant son enfant, le père perd tous ses droits sur sa personne et les biens qu'il pourra acquérir dans l'avenir. S'il a fait une substitution pupillaire dans son testament, elle s'évanouit. Il peut même éprouver une perte dans sa propre fortune, si elle comprend des droits d'usufruit ou d'usage légués à son fils. Dans les legs, en effet, c'est la personne du fils qu'on considère pour savoir ce qui peut lui être légué (1) ; par conséquent, l'usufruit qui lui est laissé par testament ne profite au père qu'autant qu'il conserve le légataire sous sa puissance, et son émancipation fait s'évanouir le droit purement personnel résultant de l'usufruit. Mais il n'en résulte pas l'extinction de l'usufruit stipulé par le fils de famille, parce que c'est la personne seule du père qu'il faut considérer pour savoir si la stipulation est valable ;

(1) On n'a égard à la personne du père que pour savoir si le testateur a avec lui la *testamenti factio*.

le changement d'état du fils est désormais indifférent (1).

60. Le préteur s'efforça de protéger également les différents parents de l'émancipé que celui-ci aurait oubliés dans son testament. Ses héritiers siens, les enfants qu'il avait émancipés et ceux que leur aïeul avait conservés sous sa puissance en l'émancipant obtinrent, pour arriver à la succession de leur père, la *bonorum possessio contra tabulas.*

Lorsque les droits de patronage appartiennent au père par suite du contrat de fiducie, le préteur restreint le droit de l'émancipé d'exhéréder son patron. Si ce fils, dans son testament, omet ou déshérite son père, ce dernier obtient du préteur une *bonorum possessio contra tabulas,* pour la moitié de la succession, et même, en cas d'exhérédation, il peut encore avoir recours à la *querela :* recours superflu, mais qu'on lui conserve parce qu'il le tient de sa qualité d'ascendant et non plus de sa qualité de patron.

61. Nous savons que l'enfant conserve, malgré son émancipation, les biens composant les pécules *castrens* et *quasi castrens :* la *capitis deminutio* ne peut éteindre que les droits d'usufruit et d'usage compris dans ces pécules. Si le fils en puissance avait disposé des pécules par testament, cette disposition aurait dû être annulée en vertu du principe que le testament devient *irritum* par toute *capitis deminutio* du testateur. Mais, par faveur pour les militaires, on admit que le testament qui disposait du pécule *castrens* n'avait pas

(1) *Fragm. Vatic.,* 75.

besoin d'être recommencé, et qu'il continuait à valoir *quasi militis ex nova voluntate.* Le même privilége ne fut pas étendu à celui qui disposait du pécule *quasi castrens* par testament : l'émancipation continuait à le rendre *irritum;* mais s'il était fait dans la forme préto-rienne, c'est-à-dire scellé du cachet de sept témoins, le préteur accordait à l'institué une *bonorum possessio secundum tabulas.* Quant au pécule *adventice,* Cons-tantin décida que le père qui émancipe son fils pourra retenir le tiers de ce pécule en propriété, comme prix de son bienfait (1).

III.

SECTION PREMIÈRE.

OBLIGATIONS ACTIVES ET ACTIONS DE L'ÉMANCIPÉ.

62. L'anéantissement de la personne civile entraî-nait pour l'émancipé l'extinction de ses obligations, tant actives que passives, parce que l'obligation, cons-tituant un rapport de personne à personne, ne pou-vait subsister quand l'un des sujets de ce rapport avait disparu. Les effets de ce principe sur les créances étaient peu sensibles, à raison de la règle qui attri-buait au père de famille le bénéfice des créances de son fils. Il y avait cependant une dérogation remar-quable : lorsque le fils de famille faisait une adstipu-lation, l'action n'appartenait pas au père : elle som-

---

(1) C., 1 et 2, *de bon. mat.*

meillait pendant sa vie, et ne pouvait être exercée par
le fils qu'à la mort du père. La nature spéciale de
ce contrat ne permettait pas d'acquérir l'action pour
un autre que l'*adstipulator*; dès lors, quand le fils
venait à être émancipé, la *capitis deminutio* anéantis-
sait l'action qu'il avait acquise par l'adstipulation (1). En
outre, il existait un certain nombre de droits et d'actions que les jurisconsultes regardaient comme ayant
une nature moins juridique que les actions ordinaires,
et dans lesquels l'élément de fait prédominait sur
celui de droit. Ils concernaient moins l'homme considéré comme sujet du droit privé que l'homme
naturel. M. de Savigny les distingue d'après les deux
caractères suivants : ces droits ne sont pas transmis-
sibles aux héritiers, et, en second lieu, il s'agit dans
presque tous les cas d'une action *in bonum et æquum
concepta*, c'est-à-dire basée sur les principes du *jus
gentium*, et laissant au juge une grande latitude de
décision. La conséquence de cette idée était que, contrairement à la règle générale, le fils de famille pouvait exercer ses actions par lui-même, et qu'elles échappaient aux effets de la *capitis deminutio* résultant de
l'émancipation (2).

63. L'ensemble de ces hypothèses dans lesquelles
le fils de famille pouvait agir en son nom personnel,
même après son émancipation pour un fait accompli
sous l'empire de la puissance paternelle, peut se ranger
sous trois chefs différents : en premier lieu, les droits
ayant directement pour objet l'entretien de la vie phy-

(1) Gaïus, 3, 114.
(2) D., 4, 5, *de capit. minut.*, 8.

sique, et dont l'existence nécessaire ne pouvait pas dépendre d'une disposition plus ou moins arbitraire de la loi civile ; en second lieu, tous les droits ayant pour objet la *vindicta*, c'est-à-dire la réparation du droit violé en notre personne, et qui touche plutôt l'homme naturel que l'homme juridique ; enfin les droits résultant de certains contrats.

64. Dans le premier chef sont compris :

1° Le legs d'aliments ;

2° Le legs d'une prestation périodique. « *Naturalem præstationem habere intelliguntur*, » dit Gaïus, et l'émancipation du légataire ne l'empêche pas de recueillir les termes à échoir.

3° Il en est de même du legs d'usufruit fait au fils de famille pour plusieurs années ; il a droit aux annuités échues depuis son émancipation, car celles qui l'ont précédée lui échappent en vertu de la *capitis deminutio* (1).

4° Le legs d'un droit d'habitation ou de services d'un esclave. Les Romains considéraient le premier comme un acte de bienfaisance assimilable au legs d'aliments, et le second comme une *naturalis præstatio*, échappant aux conséquences de l'émancipation (2).

5° L'action en aliments du fils contre ses ascendants survit aussi à l'émancipation.

6° Le droit du fils sur la dot. La dot est appelée *profectitia*, quand elle est donnée par le père ; *adventitia*, lorsqu'elle est fournie par toute autre personne.

(1) D., 4, 5, *de capit. minut.* 10.
(2) D., 7, 7, *de oper. serv.*, 2.

La dot profectice revient de droit à l'ascendant paternel, tant que le fils est en puissance, à la charge cependant de pourvoir aux frais du ménage et à l'entretien de la femme, qui, de cette façon, avait une jouissance de fait sur la dot.

Quand le mariage se dissout par le divorce, le mari doit rendre la dot ; si la fille est *alieni juris*, c'est au père qu'elle appartient : il exerce donc l'action en restitution, tout en étant tenu exceptionnellement de s'adjoindre la personne de sa fille, *adjuncta filiæ persona*. Si la fille est émancipée avant que le père n'ait exercé l'action, l'action appartient à la fille.

Lorsqu'un fils est émancipé, tandis que les autres biens qu'il peut posséder restent la propriété du père, la dot apportée par sa femme le suit dans sa nouvelle condition, et se trouve de cette manière en grande partie soustraite aux règles ordinaires de la *capitis deminutio* (1). Ainsi l'obligation relative à la dot ne s'éteint pas par suite de l'émancipation ; le fils n'a jamais besoin de recourir à la *restitutio in integrum* afin d'obtenir une *actio utilis* avec *formula ficitilia*, comme cela serait nécessaire pour une autre dette qui est éteinte, *jure civili*, par l'effet de la *capitis deminutio*. Si la fille est émancipée, la créance dotale ne continue pas à appartenir au père comme les autres créances acquises par un fils ou une fille de famille. Elle ne périt pas non plus comme le ferait un usufruit légué *per vindicationem* à un enfant en puissance ; au contraire, le droit à l'*actio rei uxoriæ* appartient

(1) D., 4, 5, *de capit. minut.*, 9.

dorénavant tout entier à la femme émancipée elle-même.

Un fils de famille a promis une dot ; plus tard il est émancipé : bien qu'à raison de la promesse du fils le père fût tenu jusqu'à concurrence du pécule, cependant, la dot ayant été promise par le fils lui-même, c'est le fils qui en est tenu en son propre nom et *principaliter*.

Si un père constitue une dot à sa fille émancipée, elle est *profectitia*, car ce n'est pas le droit de puissance paternelle, mais le titre de père qui la rend profectice ; mais s'il en est débiteur envers sa fille, et s'il lui donne en dot ce qu'il lui doit, la dot est *adventitia* (1).

Alors même qu'elle est émancipée, si la fille meurt dans le mariage, la dot revient au père. Il en est de même au cas où la dot a été constituée à la fille depuis son émancipation (2). Si un père ayant promis une dot à sa fille l'émancipe avant que le mariage

---

(1) D., L. 23, t. III, *de jure dotium.*

(2) C'est ce que nous dit Ulpien (L. 5, D., *de divortiis*) : « Si filia emancipata idcirco diverterat, est maritum lucro dotis adficiat, patrem fraudet, qui profectitiam dotem potuit petere, si constante matrimonio decessisset, ideo patri succurrendum est, ne dotem perdat; non enim minus patri quam marito succurrere praetorem oportet. Danda igitur ei dotis exactio, atque si constante matrimonio decessisset filia. » Ce texte prouve évidemment que la dot profectice revient au père quand la fille émancipée meurt étant mariée. Cela résulte clairement encore de deux textes de Pomponius et de Julien (L. 10, *pr.*, et L. 59, D., *soluto matrim.*), et d'un texte de Paul (L. 71, D., *de evictio*.). Cependant quelques auteurs pensent que la dot ne fait pas retour au père. Ils argumentent d'un rescrit d'Alexandre Sévère (L. 4, C., *soluto matrim.*). Mais, si l'empereur parle d'une fille de famille, c'est que dans l'espèce la femme se trouvait dans cette position.

ait eu lieu, la promesse n'est pas résolue, et il reste obligé envers le mari (1).

Si des choses dont le père avait fait donation à sa fille émancipée ont ensuite, de son consentement, été données par elle en dot, la dot est censée provenir de la fille et non du père. Celui-ci ne peut donc plus transférer la propriété de ces choses au mari, à moins que la fille émancipée n'y consente. Si elle y consent, c'est d'elle que provient la dot, qui dès lors est *adventitia*, et ne retournera pas au père si la fille meurt *in matrimonio*.

Sans l'émancipation, la donation eût continué d'appartenir au père, qui aurait pu la constituer en dot sans le consentement de sa fille; par conséquent, elle eût été *profectitia*.

Si le mari, fils de famille, est plus tard émancipé, il aura droit d'emporter la dot de sa femme pour subvenir aux charges matrimoniales qui vont dorénavant peser sur lui.

65. Dans la seconde division, les jurisconsultes comprenaient :

1° L'*actio injuriarum*. L'offense faite au fils de fa-

(1) 44, Julien, D., L. 16.—Cujas explique cette dérogation apportée à la règle générale, en supposant que la dot a été promise par *dictio*. Or, suivant lui, la *dictio dotis* ne pouvait être faite qu'autant qu'il avait sa fille en puissance. L'émancipant, il ne pouvait s'engager par *dictio* ; et quant à la *dictio* faite avant l'émancipation, d'après Julien, elle ne perdait pas de sa force. Cette explication ne nous satisfait pas ; d'après nous, on pensait que le père, qu'il eût promis par *stipulatio* ou par *dictio*, avait toujours un moyen de manquer à sa parole en refusant son consentement au mariage de sa fille, et qu'en l'émancipant il était censé se rétracter, puisque l'émancipation faisait supposer qu'il avait à se plaindre d'elle. Mais la promesse du père devient pour lui définitivement obliga-

mille donnait une action au père (1), et au fils une autre action, qu'il pouva't exercer avant comme après l'émancipation, à la condition d'en remettre le profit au père. L'*actio injuriarum* ne peut être intentée par un enfant émancipé contre son ascendant qu'autant que l'enfant se plaint d'avoir reçu une injure atroce (2).

2° L'*actio sepulcri violati*, qui appartient aux enfants, même émancipés, et aux héritiers du défunt dont on a violé la sépulture (3).

3° L'*actio de effusis*; 4° l'action pour blessures faites par des animaux dangereux. Elles appartiennent à la victime contre l'auteur du délit ou le propriétaire de l'animal.

5° L'interdit *quod vi aut clam*, accordé contre toute personne qui a porté une atteinte violente ou cachée aux droits d'autrui sur la propriété du sol. Le fils de famille le demande en son nom personnel (4).

6° Il en est de même de l'action contre un affranchi qui a fait injure au fils de son patron en l'appelant en justice durant l'absence de ce patron (5).

7° La *querela inofficiosi testamenti*. Cette *querela* est une sorte de pétition d'hérédité ; celui qui l'exerce se présente comme ayant droit, nonobstant le testament, à la succession du défunt. La *querela* a quelque chose de l'*actio injuriarum* : le *querelans* se plaint

toire par l'émancipation, parce que, la fille n'ayant plus besoin du consentement de son père, celui-ci ne peut empêcher le mariage.

(1) Patitur quis injuriam non solum per semetipsum, sed etiam per liberos suos quos in potestate habet (Inst., § 2, *de injur.*).

(2) Ulp., L. 7, §§ 2 et 3, D., *de injur*

(3) D., 27, 12, *de sepulc. viol.*, 3.

(4) D., 43, 26, *quod vi aut clam*, 19.

(5) D., 2, 4, *de in jus vocat.*, 12.

4

d'avoir reçu du testateur une injure imméritée. Cette action appartient personnellement au fils de famille : il peut l'intenter malgré son père et la conserve après son émancipation (1).

66. Enfin, sous notre troisième chef, il faut faire rentrer les actions *pro socio, mandati, negotiorum gestorum, depositi* et *commodati*, qui appartiennent au fils de famille. Les contrats et quasi-contrats auxquels elles répondent survivent à l'émancipation du fils ; les actions résultant des faits antérieurs continuent à appartenir au père ; mais, à partir de l'émancipation, le fils peut exercer tous les droits qu'il tient de sa qualité de mandataire, d'associé, etc. Le motif de cette dérogation est que ces diverses conventions constituent des contrats de confiance, dans lesquels on a eu égard surtout aux qualités naturelles de l'homme, à son intelligence et à sa probité (2).

SECTION II.

OBLIGATIONS PASSIVES DE L'ÉMANCIPÉ.

67. Si, semblable à l'esclave qui ne peut s'obliger vis-à-vis de son maître, le fils de famille n'a pas le droit de contracter une obligation proprement dite envers son père, mieux partagé que lui, il peut s'obliger, même civilement, envers un tiers : *Servus quidem non solum domino suo obligari non potest, sed ne alii quidem ulli ; filii vero familias alii obligari possunt* (3).

(1) D., 5, 2, *de inoff. test.*, 22.
(2) D., 17, 2, *pro socio*, 58-2°, et 44, 7, *de oblig. et act.*, 9.
(3) Inst., § 6, *de inutil. stipul.*—Faut-il assimiler la *filiafamilias* au

Mais, lorsque le fils était émancipé, il se trouvait, par l'effet de la *capitis deminutio,* libéré de toutes ses dettes antérieures; ses créanciers n'avaient plus de débiteur aux yeux de la loi (1); cependant l'obligation n'était altérée que dans son élément civil, et il subsistait toujours à la charge de l'émancipé une obligation naturelle (2), imparfaite il est vrai, mais qui rendait possible un payement de la part de l'émancipé. En cas de payement, la répétition est interdite, mais la compensation est possible; il est permis d'imputer à l'actif du pécule la dette du chef de famille envers celui qui est sous sa puissance, et, *vice versa,* on peut opérer sur le pécule la déduction des sommes que le fils se trouve devoir à son père. L'obligation naturelle peut aussi servir de base à une novation, à un constitut, etc., et permet de recevoir valablement une hypothèque ou un *fidéjusseur.* Mais, à défaut de ces garanties, toute action est refusée au créancier de l'enfant émancipé (3).

filiusfamilias ? Nous sommes assez disposé à croire que la *filia* ne pouvait jamais s'obliger civilement, du moins à l'époque où la femme *sui juris* était en tutelle perpétuelle. Il serait bizarre, en effet, que la *filiafamilias* eût une capacité plus grande que la femme *sui juris.* Cependant M. de Savigny admet d'une manière générale qu'elle est capable de s'obliger.

(1) Voici la raison de la différence existant entre le fils de famille et l'émancipé au point de vue des obligations : si le fils de famille ne possédait rien pour le présent, du moins avait-il le patrimoine de son père en expectative; il était *vivo patre quodammodo dominus.* Mais, l'indépendance du fils étant le résultat de l'émancipation, ces espérances de fortune ne se réalisaient pas. En devenant *sui juris,* l'enfant n'avait aucun patrimoine; dès lors, on ne pouvait exiger de lui qu'il payât les dettes contractées du temps qu'il était en puissance.

(2) Obligation à laquelle il manque la sanction d'une action. — Quant aux controverses qui existent sur le sens de l'expression *obligations naturelles,* nous ne nous en occuperons pas ici.

(3) D., 20, 1, *de pign. et hypoth.,* 14-15.

68. Si , malgré le sénatus-consulte *macédonien*, un fils de famille emprunte de l'argent et paye ce qu'il a emprunté postérieurement à son émancipation , il ne pourra répéter ce qu'il a payé (1).

Devenu *sui juris*, et voulant garantir sa dette, s'il a donné un objet en gage, l'exception du sénatus-consulte macédonien lui sera refusée jusqu'à concurrence de la valeur du gage (2). Mais s'il contracte un emprunt, et que, plus tard, ayant été émancipé, il opère novation de sa dette par suite d'une erreur de fait, il pourra opposer une exception de fait à l'action résultant de cette stipulation.

Un père a prêté de l'argent à son fils, qui le lui rembourse après son émancipation : si le père n'a rien gardé du pécule de son fils, Africain prétend qu'il n'y a pas lieu à répétition (3).

69. A l'inverse de l'hypothèse précédente, Africain suppose un père devenu débiteur de son fils pendant qu'il était *in potestate*, et acquittant sa dette après l'émancipation : le payement est valable, et il n'y a nullement lieu à répétition, car il y a là une obligation

(1) Marcien, L. 3, *Regul.*
(2) Ulpien, L. 29, *ad edictum.*
(3) Le pécule, en effet, est destiné à être appliqué au payement des dettes contractées par son titulaire. Cette destination ne se trouve pas modifiée dès qu'intervient l'émancipation; le chef de famille reste soumis pendant une *année utile* à l'action *de peculio* de la part des créanciers de l'émancipé. En gardant le pécule, le père se trouve pleinement indemnisé par sa conservation; en recevant un payement quelconque de l'émancipé, il touche donc ce qui ne lui était pas dû. Il est vrai que, dans ce cas, il n'y a pas erreur de fait de la part du fils qui paye ce qu'il ne devait pas, car l'émancipation n'a pas eu lieu sans son consentement, mais la jurisprudence considère ici l'erreur de droit comme excusable.

naturelle; en laissant à son enfant la propriété de son
pécule, il l'autorise à avoir une sorte de patrimoine
distinct, *aliquid separatum a rationibus patrisfami-
lias.* Des rapports entre ces deux patrimoines peuvent
donc s'établir; aussi faisait-on entrer dans le pécule
du fils ce que lui devait son père (1).

70. Ainsi que nous venons de le voir, l'émancipation libère donc l'enfant de toutes ses dettes antérieures. Cependant, à ce principe inique, la jurisprudence admettait des exceptions. C'est ainsi, en premier
lieu, que l'émancipation laissait subsister les obligations « *quæ naturalem præstationem habent* » et qui
ont pour but l'entretien même de la vie : l'ascendant
conserve donc contre l'émancipé une action pour obtenir une pension alimentaire. De même, après la
dissolution du mariage, le mari, bien qu'émancipé,
reste tenu, par l'action *rei uxoriæ*, de toutes les dettes
relatives à la dot destinée à pourvoir aux besoins de
la femme ; et si cette femme est émancipée, son action,
loin d'être détruite par la *capitis deminutio,* lui est
dévolue exclusivement (2).

En second lieu, si l'obligation n'avait pas trait à

(1) Cette manière de calculer le pécule était applicable pendant
une année après l'émancipation au profit des créanciers exerçant
l'action *de peculio.* En conséquence, si cette dette accroît le pécule
dans l'intérêt des créanciers, il doit en être de même dans l'intérêt du fils. On a objecté que, puisque le pécule appartenait au
père, les créances étaient aussi sa propriété; que dès lors il devait
y avoir confusion. Il est facile de répondre à cette objection : pour
que notre hypothèse se présente, il faut que le père, usant de son
droit, ait, en émancipant son fils, donné à celui-ci son pécule.
C'est en ce sens qu'on interprétait l'acte de ne pas retenir son
pécule au fils en l'émancipant.

(2) D., 4, 5, 9.

la personne civile, mais concernait seulement la personne naturelle, la *capitis deminutio* n'entraînait pas la libération de la dette. Ainsi toutes les obligations *ex delicto* dont est tenu tout être raisonnable auquel incombe la responsabilité de ses méfaits survivaient à l'émancipation de leur auteur ; *Nemo delictis exuitur quamvis capite minutus* (1).

71. Enfin, quand un fils de famille avait fait un contrat de société (2), de mandat, de dépôt, de commodat, ou un quasi-contrat de gestion d'affaires, les obligations qui en étaient la suite n'étaient point anéanties par la *capitis deminutio*. Si, par exemple, l'émancipé était dépositaire, et qu'il fût toujours resté en possession de l'objet, il pouvait être poursuivi par l'action *depositi directa*, même après son émancipation (3).

72. Mais ces rares exceptions ne pouvaient satisfaire le préteur, dont les efforts constants tendaient à substituer aux rigueurs du droit primitif la juste application des règles de l'équité, et il rendit à l'obligation son caractère civil en rescindant la *capitis deminutio*. Il promit l'action au créancier comme si l'émancipation n'avait pas eu lieu, et lui offrit le moyen de conserver tous ses droits en lui accordant une *in integrum restitutio*. Ce secours extraordinaire put être

---

(1) D., 20, 1, *de pignor. et hypoth.*, 14.1°.

(2) Dans l'ancien droit, la société était dissoute par la *capitis deminutio* de l'un des associés. C'est ce que nous dit Gaïus : « Dicitur et capitis deminutione solvi societatem, quia civili ratione capitis deminutio morti æquiparari dicitur ; sed si adhuc consentiant in societatem, nova videtur incipere societas. » (*Comment. III*, § 153). Mais dans le droit de Justinien, la dissolution de la société ne résulte plus que de la *maxima* et de la *media capitis deminutio*.

(3) D., 16, 3, *depositi*, 21.

demandé dans un délai illimité, et les héritiers du créancier avaient le droit de l'invoquer même contre les héritiers du débiteur (1).

Pour atteindre ce résultat, le préteur pouvait avoir recours à deux procédures différentes : la *cognitio prætoria*, ou la délivrance d'une formule fictive. Dans le premier cas, il connaissait seul de l'affaire, et sa sentence ne tenait aucun compte de la *capitis deminutio*; dans le second cas, le préteur renvoyait le litige devant un juge qui devait juger comme si le débiteur n'avait éprouvé aucun changement d'état (2).

RÉSUMÉ SUR LE DERNIER ÉTAT DU DROIT.

73. Justinien est mort; la civilisation a continué sans interruption sa marche lente mais sûre, et le progrès a pénétré dans toutes les branches de la législation. La famille est enfin revenue ce que la nature l'avait faite, c'est-à-dire qu'elle a abandonné ses anciennes rigueurs. La capacité du fils de famille s'est élargie peu à peu; il ne disparaît plus sous l'écrasante personnalité du père; il a une existence civile qui lui est propre; l'é-mancipation est pour lui la source de droits nouveaux, sans entraîner aucune déchéance.

74. Désormais il ne faut plus voir dans l'émancipation qu'un acte juridique librement consenti entre le père et le fils, mais qui peut être imposé au père s'il abuse de sa puissance, et retiré au fils qui n'a pas su se montrer reconnaissant d'une semblable faveur. Ses

(1) D., 4, 5, 2-1° et 5°.
(2) D., 4, 4, *de minor.*, 24-5°.

formes simplifiées se réduisent à la constatation par le
magistrat de la volonté des deux parties.

75. Les effets de l'émancipation consistent à donner à l'enfant le droit d'avoir une habitation séparée,
de contracter en son propre nom, d'avoir la propriété
exclusive des biens que son travail lui a acquis; enfin
l'émancipé devient *paterfamilias* et échappe à l'autorité de son père, qui ne conserve plus que les droits
de tutelle attachés à la qualité de patron. Quant à la
minima capitis deminutio que l'émancipation continue à produire, elle ne fait perdre aucun de ses droits
antérieurs ni de ses droits successifs à l'émancipé; les
obligations qu'il a contractées continuent à subsister.

76. Telle était, en résumé, l'émancipation dans le
dernier état du droit romain; et elle se conserva ainsi
en Occident jusqu'à la chute de l'empire : le code Théo-
dosien fut longtemps, en effet, l'unique base du droit,
et l'on n'y abandonna jamais complétement l'étude des
travaux de Justinien. Dans l'empire d'Orient, au contraire, les constitutions publiées par les successeurs
de Justinien produisirent dans les lois des complica-
tions et des contradictions nombreuses ; pour y remédier, l'empereur Basile le Macédonien et son fils Léon
le Philosophe publièrent un nouveau code qui, sous le
nom de Basiliques, eut force de loi en Orient. Nous
n'y trouvons aucune innovation notable apportée aux
règles de l'émancipation. Cependant une constitution
de Léon, que, du reste, on a prétendu apocryphe,
n'exige plus aucune formalité pour l'émancipation qui
pourra résulter pour le fils d'une séparation d'habitation prolongée.

DROIT FRANÇAIS.

PREMIÈRE PARTIE

GÉNÉRALITÉS. — FORMES ET CONDITIONS DE L'ÉMANCIPATION.

I. — Puissance paternelle.
II. — Conditions et formes de l'émancipation dans l'ancien droit.
III. — Conditions et formes de l'émancipation dans le droit moderne.
IV. — Curatelle.

I.

1. A son apparition sur la terre, l'homme naît assiégé par la maladie et le besoin. La nature elle-même exige que dans les premières périodes de son existence il soit soumis à la puissance de ses père et mère, puissance toute de défense et de protection. Plus tard, le corps de l'enfant est devenu vigoureux, son esprit s'est développé par l'observation et commence à exercer ses forces. C'est alors que devient plus nécessaire que jamais une main ferme et douce pour le protéger contre les nouveaux ennemis que

lui créent une imagination trop prompte à déployer
ses ailes, son défaut d'expérience et son manque de
jugement; c'est alors qu'il faut le diriger, le mettre en
garde contre ses passions, ses espérances et ses
désirs, défendre sa raison naissante contre les séduc-
tions de toute espèce qui l'environnent, féconder,
agrandir son intelligence, lui donner enfin la vie morale après lui avoir donné la vie physique. La puissance
paternelle pouvait seule arriver à ce résultat : aussi
en retrouvons-nous le principe chez tous les peuples
et dans toutes les législations qui se sont succédé
depuis les temps les plus reculés jusqu'à nos jours.

2. Chez les Gaulois, le père était, comme à Rome,
le maître de la personne et des biens de ses enfants;
il avait sur eux le droit de vie et de mort, et Gaïus
lui-même constate que les Gaulois étaient le seul
peuple qui eût une puissance paternelle comparable à
celle des Romains. Mais, s'il y avait identité dans le
caractère despotique de ce pouvoir, il existait une différence essentielle quant à sa durée : en Gaule, l'autorité du père n'était pas perpétuelle; elle cessait pour
le fils qui contractait mariage ou atteignait un certain
âge; sa qualité de mari lui faisait acquérir une puissance absolue sur la personne de sa femme et l'émancipait lui-même de plein droit.

3. Après la conquête de la Gaule, les principes
romains sur le caractère de la puissance paternelle et
sur sa perpétuité vinrent remplacer l'antique droit
national et constituer la famille sur des bases nouvelles. L'autorité du père s'étendit aux petits-enfants
et à l'épouse du fils, et la règle de l'émancipation par

le mariage disparut. Le droit romain se substitua complétement aux usages celtiques.

4. Chez les divers peuples germains qui envahirent ensuite la Gaule, la puissance paternelle avait un caractère tout à fait opposé. Cette puissance, nommée *mundium*, résultait du mariage et s'exerçait sur la femme et sur les enfants ; elle ne conférait à celui qui en était investi qu'un pouvoir de tutelle et de protection, et elle était surtout établie dans l'intérêt du faible et de l'enfant. Elle appartenait au père et à la mère, mais le père seul en avait l'exercice durant le mariage, parce qu'il était déjà chargé du *mundium* de son épouse. Elle cessait lorsque l'enfant avait atteint un âge assez avancé pour se protéger lui-même et lorsqu'il contractait mariage.

5. Cette différence caractéristique entre la *patria potestas* romaine, instituée surtout dans l'intérêt du père, et le *mundium* germanique, essentiellement destiné à protéger l'enfant, devait se perpétuer dans les législations successives qui régirent notre ancienne monarchie. Après les invasions barbares, les Gallo-Romains continuèrent à avoir la puissance paternelle du droit impérial, adoucie seulement par les progrès des mœurs et l'influence du christianisme ; tandis que les Francs et les autres peuples germains conservaient dans la rédaction de leurs lois les principes traditionnels du *mundium*. Et lorsque, après plusieurs siècles, la fusion se fut opérée entre les divers éléments destinés à former notre nationalité, et que la France fut véritablement constituée, la même divergence se reproduisit dans la législation : la puissance paternelle

conserva une organisation très-différente dans les pays
de droit écrit et dans les pays coutumiers.

6. Dans les pays de droit écrit, la puissance paternelle, soumise à peu près aux mêmes règles que dans
le dernier état de la jurisprudence romaine, est toujours perpétuelle, et confère au père seul des droits
sur la personne et les biens de ses enfants. Ses principaux attributs sont les suivants :

1° Le père a sur ses enfants un droit de garde,
d'éducation et de correction. Son consentement leur
est nécessaire pour contracter mariage, et il peut
leur nommer un tuteur par testament. Son autorisation est encore exigée pour qu'ils puissent faire un
emprunt, et aussi ester en justice dans les causes relatives à leur pécule adventice, et, s'ils sont deman-
deurs, dans toutes les affaires civiles autres que celles
relatives à leurs pécules *castrense* et *quasi castrense*.

2° Il a la propriété de tout ce que le fils acquiert du
profit des biens paternels ou à leur occasion, et aussi
l'usufruit de son pécule adventice.

3° Le fils ne peut pas disposer par donation à cause
de mort, ni par testament, si ce n'est de ses pécules
castrense et *quasi castrense*.

4° Enfin un dernier effet de la puissance paternelle
et de la copropriété des biens dans la famille consiste
en ce qu'il ne peut exister entre le père et le fils aucune
obligation civile, ni aucune donation entre-vifs, si ce
n'est pour cause de mariage.

Cette puissance paternelle ne finissait que par la
mort naturelle ou civile du père, et par la mort ou
l'émancipation du fils.

7. Dans les pays coutumiers, l'autorité paternelle conserve le caractère de protection qui distingue le *mundium*. Ses règles sont moins énergiques que celles de la puissance paternelle romaine, mais elles ont plus de naturel : « Elles supposent plus d'affection dans le régime de la famille, plus d'intimité au sein du foyer domestique. C'est uniquement la protection du fort accordé au faible, la garde du pupille confiée à ceux qui sont présumés lui porter le plus d'intérêt et d'affection (1). » Ce pouvoir ne dure que jusqu'à la majorité ou le mariage de l'enfant, et il appartient au père et à la mère : « Les enfants sont en la vourie et mainbournie de leurs père et mère, » dit Loysel.

8. La plupart des Coutumes étaient muettes sur la puissance paternelle et, par leur silence, semblaient en subordonner l'exercice aux seuls principes du droit naturel. En outre, on était tellement habitué dans toute la France à considérer le droit romain comme le type même et l'idéal de la législation, que le pouvoir du père, dans les pays de coutumes, ne fut jamais appelé du nom de puissance paternelle, et nos auteurs coutumiers répètent à l'envi cette règle de Loysel : « Droit de puissance paternelle n'a lieu. » Cependant l'autorité du père, quoique faible et un peu relâchée, n'en était pas moins reconnue dans les provinces coutumières, et elle donnait des pouvoirs analogues à ceux du tuteur. Ses principaux attributs consistaient, en premier lieu, dans le droit perpétuel d'exiger des enfants certains devoirs de respect et de reconnais-

(1) M. Dupin, Coutume du Nivernais.

sance, de leur réclamer des aliments et de consentir à leur mariage ; et, en second lieu, dans le droit qu'ont les père et mère de gouverner la personne et les biens de leur enfant jusqu'à ce qu'il soit en âge de se conduire lui-même : de là, pour les parents, le droit de diriger l'éducation de leur enfant, de l'autoriser à choisir une profession autre que le service militaire, qu'il peut embrasser sans leur consentement, de lui infliger une punition modérée, et même de le faire enfermer dans une maison de force. Enfin une dernière conséquence de l'autorité paternelle est le droit de garde noble ou bourgeoise, qui donne aux parents, nobles ou bourgeois de Paris, l'administration et la jouissance des biens de leurs enfants jusqu'à ce qu'ils aient atteint leur majorité, c'est-à-dire vingt ans pour les nobles, quatorze ans pour les roturiers mâles et douze ans pour les filles.

9. Cette puissance paternelle des pays coutumiers finissait non-seulement par la mort du père ou du fils, mais encore par la majorité ou le mariage de l'enfant; par conséquent, il n'était pas nécessaire que l'émancipation vînt y mettre fin : aussi cette institution romaine était-elle inconnue dans les pays coutumiers ; mais on y pratiquait une seconde sorte d'émancipation, dont nous nous occuperons bientôt, et qui avait pour but de faire sortir le mineur de tutelle.

10. Tel était le pouvoir du père de famille en France lorsqu'éclata la Révolution de 1789. Les législateurs de cette époque voulurent régir l'autorité du père par des principes nouveaux. Ils ne pouvaient songer à faire revivre les règles de la *patria potestas* romaine, si

éloignées de l'état actuel des mœurs et de la civilisation. Le droit coutumier seul avait assis la puissance
du père sur ses fondements légitimes et naturels ; et
il eût suffi de raffermir les liens un peu relâchés de
cette autorité pour satisfaire aux exigences de la morale et d'une bonne législation. Tel ne fut point l'esprit
qui inspira les lois de l'époque intermédiaire ; s'exa-
gérant singulièrement les nécessités d'un état démo-
cratique, et oubliant qu'un gouvernement peut se
montrer d'autant moins despotique que l'autorité du
père est plus forte, les législateurs de cette période
énervèrent de plus en plus les règles de la puissance
paternelle. Le décret du 24 août 1790 commença par
enlever au père son droit personnel de correction : il
ne put faire enfermer son enfant qu'après avoir obtenu
le consentement d'un tribunal de famille composé des
huit plus proches parents ou amis, et l'autorisation
du président du tribunal civil. Puis l'Assemblée légis-
lative, par la loi du 28 août 1792, déclara que la puissance paternelle cesserait complétement à la majorité
de l'enfant ; et la loi du 20 septembre 1792, qui fixa
cette majorité à vingt et un ans accomplis, décida que
les mineurs seuls seraient obligés d'obtenir le consentement de leurs parents pour se marier : désormais
le fils et la fille âgés de vingt et un ans purent contracter mariage sans faire d'actes respectueux à leur
père, qui n'eut pas même le droit de former opposition.
Enfin, le décret du 5 brumaire an II vint encore porter
une grave atteinte à l'autorité paternelle, et lui enlever une de ses sanctions les plus efficaces en restrei-
gnant au dixième des biens la faculté laissée aux

ascendants de disposer au préjudice de leurs descendants. Après ces diverses restrictions, on peut dire qu'il ne restait plus au père qu'une ombre de puissance sur ses enfants.

11. Le Code civil vint réparer le funeste effet des aberrations révolutionnaires et rendre à la famille une constitution plus morale et plus solide. Il restitua à la puissance paternelle ses attributs légitimes, et sut concilier dans une juste mesure le principe de la liberté individuelle avec le principe non moins sacré du respect et de l'obéissance dus aux parents.

12. Il s'agissait de sauvegarder trois intérêts distincts, mais également respectables : celui de l'enfant, celui des parents et celui de la société. La puissance paternelle, telle que nous la trouvons organisée dans nos lois, arrive parfaitement à ce résultat. L'avantage de l'enfant est évidemment le but principal et prédominant. Le pouvoir des parents est limité aux prérogatives qui leur sont nécessaires pour bien élever et protéger efficacement leurs descendants, et il se résume dans les droits de garde, de correction, d'éducation, d'administration et d'usufruit légal, jusqu'à un certain âge; mais le Code proclame aussi qu'à tout âge les enfants doivent l'honneur et le respect à leur père et mère. Enfin, en reconnaissant au pouvoir paternel ses attributs légitimes, la loi a pourvu à sa mission, qui est de préparer de bons citoyens à la patrie, et, à la société, trop souvent menacée, surtout aujourd'hui, de courageux défenseurs prêts à mourir pour l'ordre et la légalité.

II.

13. Non-seulement la puissance paternelle, telle que l'organisait le droit impérial, était suivie dans les pays de droit écrit, mais encore un certain nombre de Coutumes l'avaient adoptée, entre autres la Coutume de Bourgogne, qui se référait à la législation romaine comme droit commun. Par suite, l'émancipation y était aussi pratiquée, et il en résultait une grande divergence dans ses règles, parce que les principes romains se trouvaient modifiés dans chaque province par les usages locaux. Nous allons poser les règles générales de la matière et signaler les particularités les plus remarquables ajoutées par nos Coutumes aux dispositions du droit romain.

SECTION PREMIÈRE.

DE L'ÉMANCIPATION EXPRESSE.

14. L'émancipation expresse est l'acte par lequel le père, usant du pouvoir que lui donne la loi, déclare qu'il met son enfant hors de sa puissance.

15. Comme à Rome, le père ne pouvait pas, en principe, être forcé d'accorder malgré lui l'émancipation à son enfant. Cependant, si le père le maltraitait, son descendant ou même les parents pouvaient l'appeler en justice, et, sur son refus, le juge prononçait lui-même l'émancipation.

16. L'enfant ne pouvait être émancipé malgré lui.

5

Mais comme il fallait concilier ce principe avec le droit du père d'émanciper son fils à tout âge, on recourait généralement à des lettres du prince quand l'enfant n'avait pas encore sept ans, et ne pouvait donner son consentement. Même en son absence, l'enfant pouvait être émancipé, mais le père devait alors agir lui-même et non par procuration.

17. Les formalités à remplir pour parvenir à l'émancipation étaient des plus simples : il suffisait que le père se rendît devant un juge quelconque et déclarât mettre son fils hors de puissance ; le juge lui donnait acte de sa déclaration, qui était enregistrée au greffe. C'était un acte de juridiction purement gracieuse (1).

18. On s'était demandé si l'émancipation ne pourrait pas avoir lieu devant notaires ; et pour le contester, on invoquait la loi romaine, qui exige que le consentement du père soit déclaré devant le juge. Mais le système contraire se fondait sur une constitution d'Antonin qui semble admettre une émancipation tacite; et il soutenait que l'émancipation, pouvant résulter de l'habitation séparée, c'est-à-dire du consentement tacite du père, devait à plus forte raison résulter de sa volonté expresse déclarée devant notaires. Cette dernière opinion finit par être suivie dans les

(1) Il nous semble qu'en procédant ainsi, on s'écartait des prescriptions formulées par les édits de mars 1701, art. 12, et de janvier 1706, qui exigeaient des lettres du prince. Du reste, certains pays en furent formellement dispensés. Citons, entre autres, le Languedoc, aux termes d'un arrêt du conseil de 1680. Un autre arrêt du conseil de 1681, vint décider que l'émancipation pourrait avoir lieu sans lettres dans les pays de droit écrit, mais qu'au contraire, dans les pays de coutumes, on ne pourrait se dispenser de recourir au prince (*Recueil de Dijon*, t. X, p. 248).

pays de droit écrit; le parlement de Besançon ne l'admit que dans le cas où l'émancipation avait lieu par contrat de mariage, tandis que plusieurs Coutumes exigeaient que l'acte notarié d'émancipation fût homologué par justice (1).

10. Il y avait une seconde espèce d'émancipation, usitée dans toute la France, et qui était l'acte libérant le mineur de la tutelle et lui donnant l'administration de ses biens.

C'est dans une institution romaine, la *venia ætatis*, qu'il faut chercher l'origine de cette émancipation (2).

Dans les pays de droit écrit, la majorité complète pour les enfants qui n'étaient pas soumis à la puissance paternelle resta fixée à vingt-cinq ans; et l'enfant, en sortant de la tutelle, à douze ou quatorze ans, suivant son sexe, acquit seulement la faculté de tester, et continua, pour tous autres actes, à recevoir un curateur comptable ou formel, jusqu'à sa majorité. Mais dans les Coutumes la tutelle durait jusqu'à la majorité, et il n'y avait plus de curatelle : cette disposition finit par devenir générale, et, le tuteur nommé au pupille conservant ses pouvoirs jusqu'à ce que celui-ci eût atteint vingt-cinq ans, Loysel put dire avec vérité : « Tuteur et curateur n'est qu'un. » Dans l'ancien droit, la libre administration de ses biens

(1) Nouveau-Denisart.
(2) A Rome, la fille sortait de tutelle à douze ans et le fils à quatorze ans, mais ils pouvaient recevoir un curateur jusqu'à ce qu'ils eussent atteint l'âge de vingt-cinq ans. Mais, sous l'empire, les mineurs purent obtenir de l'empereur le droit d'administrer seuls leur fortune, et d'être libérés de la curatelle avant vingt-cinq ans. C'était là ce qu'on appelait la *venia ætatis*, qui se trouvait du reste soumise à certaines restrictions.

n'était donnée, ainsi que hous venons de le voir, qu'à l'individu arrivé à sa vingt-cinquième année ; mais la loi lui offrait un moyen d'avancer l'époque de sa capacité, en recourant à une forme imitée de la *venia ætatis* romaine, à l'émancipation.

20. Dans les pays de droit écrit, il n'était pas nécessaire, pour demander l'émancipation, d'avoir obtenu du prince des lettres de bénéfice d'âge ; il suffisait au mineur de réunir ses parents les plus proches en conseil de famille, de demander leur avis, et, s'il était favorable, de le faire homologuer par le juge de son domicile (1).

21. Dans les pays coutumiers, le mineur devait, au préalable, obtenir des lettres de bénéfice d'âge. Lorsqu'elles étaient obtenues, le juge assemblait les parents du mineur et son tuteur, pour décider, d'après leur avis, s'il était capable d'administrer ses biens ; les lettres étaient ensuite insinuées au bureau établi près du domicile du mineur, et entérinées par le juge (2).

22. En général, les lettres d'émancipation n'étaient accordées qu'aux individus en pleine puberté, qu'aux mineurs auxquels leur âge pouvait permettre de se conduire seuls ; mais il arrivait cependant assez souvent que des enfants impubères parvinssent à les

(1) Ces parents étaient réunis au nombre de sept au moins et de douze au plus. Seuls, les parents majeurs et mâles y étaient admis. On faisait cependant une exception à cette règle en faveur des mère, aïeules et autres ascendantes de l'enfant.

(2) Si le mineur avait des biens en France et aux colonies, il lui suffisait de faire entériner les lettres par le juge de son domicile ; l'effet de cet entérinement se produisait partout, pourvu que les lettres eussent été insinuées dans tous les sièges où le mineur avait des biens.

obtenir lorsque leur bonne conduite et leur raison
précoce laissaient prévoir qu'il n'y avait aucun danger
à leur confier la gestion de leurs affaires.

23. L'ancienne législation était, sur ce point, pleine
de difficultés et d'incertitudes; la plus grande divergence existait entre les parlements de droit écrit et les
diverses Coutumes qui avaient conservé la puissance
paternelle romaine. Lorsque l'enfant était sous le
pouvoir de son père, on peut ramener les causes d'é-
mancipation tacite aux quatre suivantes : 1° l'habitation séparée; 2° la promotion à certaines dignités;
3° le mariage; 4° l'âge.

24. *1° Habitation séparée.* — Ce mode d'émancipation fut emprunté à la novelle 25 de l'empereur Léon.
La demeure prolongée du fils de famille hors de la
maison paternelle faisait présumer l'émancipation,
pourvu que le père ne se fût jamais opposé à son départ, et que le fils eût l'intention bien arrêtée de se
soustraire à la puissance paternelle.

L'existence d'un domicile à part et d'une vie indépendante était une condition indispensable. Le commerce
séparé auquel se livrait le fils de famille ne suffisait
pas pour le libérer de la puissance paternelle, s'il continuait d'habiter avec son père. Quelques Coutumes,
comme celles de Bretagne et de Saintonge, exigeaient
même, pour que l'habitation séparée emportât éman-

cipation, que le fils eût atteint vingt-cinq ans au moment où il quittait son père.

Le silence du droit romain avait fait naître une vive controverse entre les auteurs sur le point de savoir combien de temps devait durer l'habitation séparée du fils. Les parlements de droit écrit fixaient ce délai à dix ans, et la plupart des Coutumes avaient fini par l'admettre. Cependant, en Bretagne, la séparation d'an et jour était suffisante, tandis qu'à Reims le juge décidait seul la question.

Ce mode d'émancipation se fondait sur ce motif, qu'en lui permettant d'avoir une habitation séparée, le père avait voulu par là lui conférer le bénéfice de l'émancipation. Aussi, toutes les fois que la séparation pouvait s'expliquer par une autre raison, même après dix ans d'éloignement, l'enfant n'était pas émancipé. C'est ce qui avait lieu pour la fille qui suit son mari dans les pays où le mariage n'émancipe pas, et en toute la France pour les ecclésiastiques et les magistrats pourvus de bénéfices ou d'offices qui exigent résidence. Cette émancipation avait un effet rétroactif au jour où avait commencé la possession d'état, qui en était la base. Aussi, dès que le terme de dix ans était atteint, tous les actes faits par le fils depuis le moment de la séparation devenaient valables et ne pouvaient être rescindés.

25. 2º *Promotion à certaines dignités.*—C'est encore dans le droit romain qu'il faut chercher l'origine de cette émancipation tacite. La novelle de Justinien ne fut longtemps appliquée qu'avec difficulté, parce que, de toutes les dignités qu'elle énumérait, celle d'évêque

était la seule qui eût subsisté en France. Aussi, dans
l'ordre ecclésiastique, l'épiscopat conserva-t-il le privilége exclusif d'émancipé. Parmi les charges séculières,
celles de ministre, secrétaire et conseiller d'État, gou-
verneur de province et lieutenant-général eurent
seules le pouvoir de libérer de la puissance paternelle,
parce que ces fonctions avaient quelque analogie avec
celles des patrices et préfets militaires romains. Cependant, si l'on en croit Guy-Coquille, dans la pratique
on faisait résulter pour le fils l'émancipation de toute
promotion à un état honorable, à une fonction publique dans l'ordre religieux ou séculier.

26. 3° *Mariage*. — Dans la plupart des provinces de
droit écrit, on suivait la règle du droit romain, qui
n'attacha jamais au mariage le privilége de mettre fin
au pouvoir du père de famille. Cependant le principe
contraire, emprunté aux usages celtiques et aux lois
franques, était admis d'une manière absolue dans les
pays de droit écrit qui ressortissaient au parlement de
Paris, en Bourgogne, dans les villes de Montpellier et
de Toulouse, en vertu de leurs chartes municipales, et
généralement dans tous les pays coutumiers. Loysel
disait, en effet : « Feu et lieu font émancipation, et
enfants mariés sont tenus pour hors de pain et pot,
c'est-à-dire émancipés. »

Mais les Coutumes différaient quant à l'étendue et
aux effets de cette émancipation tacite. D'après les
unes, le mariage n'émancipait que les filles ; d'après les
autres, il émancipait de plein droit les filles nobles et
bourgeoises, et, après l'an et jour, le fils roturier ; mais
le fils noble restait soumis à la puissance paternelle

tant que n'était pas intervenue une émancipation expresse. La Coutume de Saintonge ne faisait résulter l'émancipation du mariage qu'au cas où « l'enfant se tenait hors de son père et faisait son train et négociation pour lui ; » encore devait-il être âgé de vingt et un an s'il était noble, et de vingt-cinq s'il était roturier.

Malgré l'avis contraire de plusieurs jurisconsultes, on décidait généralement que l'émancipation provenant du mariage était irrévocable, et que le bénéfice n'en pouvait être retiré à l'enfant devenu veuf.

27. *4° Age.* — Dans les pays de droit écrit, on appliquait la loi romaine dans toute sa rigueur, et l'on voyait très-fréquemment des vieillards de soixante-dix ans soumis à la puissance paternelle et dans l'impossibilité absolue de contracter le plus petit emprunt sans le consentement de leur père. Mais la plupart des Coutumes, s'inspirant de principes tout opposés et bien plus naturels, décidaient que l'enfant cessait d'être soumis à la puissance du chef de la famille dès qu'il avait atteint vingt-cinq ans ; dans certains pays même, il suffisait qu'il fût parvenu à sa vingtième année ; mais pour aliéner valablement ses immeubles, il devait avoir vingt-cinq ans accomplis (1).

28. Lorsque le père était mort, et l'enfant sous puissance de tuteur, l'émancipation avait lieu de plein droit et sans l'intervention du juge, par deux causes distinctes :

1° Par le mariage du mineur ;

(1) Les Coutumes du Bourbonnais, Sedan, Reims, Châlon, Metz et Montargis en décidaient ainsi.

2° Lorsqu'il atteignait un certain âge fixé par la Coutume.

29. L'affranchissement de la tutelle par le mariage était admis formellement par nombre de Coutumes, et notamment par l'art. 239 de la Coutume de Paris (1). Ce principe fut aussi admis de bonne heure dans les pays de droit écrit, qui ressortissaient au parlement de Paris. Cette règle était si naturelle et si équitable, qu'elle finit par être adoptée dans tous les pays de droit écrit, et l'émancipation par mariage devint le droit commun de la France entière.

30. Quant à l'émancipation tacite par l'âge, elle ne constituait point une règle générale. Peu de Coutumes la consacraient : la Coutume d'Amiens déclarait l'en-fant émancipé de plein droit dès qu'il avait vingt ans accomplis. Les Coutumes de Ponthieu et d'Artois avaient fixé l'émancipation légale à l'âge de quatorze ans pour les garçons et de onze ans pour les filles.

Les Coutumes d'Anjou et du Maine consacraient un régime spécial : à vingt ans, l'enfant prenait l'admi-nistration de ses biens et pouvait disposer même de ses immeubles (2).

31. Enfin, plusieurs Coutumes décidaient que l'exer-cice même de l'état de commerçant conférait au mineur une émancipation particulière, restreinte aux actes commerciaux, mais plus étendue dans ses effets que

(1) Les Coutumes de Bretagne et de Poitou y faisaient seules exception.
(2) Cependant Dumoulin décidait que tous les actes de disposi-tion de ses immeubles pouvaient être rescindés pour cause de lésion, quelque minime qu'elle fût, tant que le disposant n'avait pas vingt-cinq ans.

l'émancipation ordinaire, puisque, relativement à ces actes, le mineur avait la même capacité que le majeur de vingt-cinq ans. Pour acquérir une pareille capacité, il n'avait nullement besoin d'une émancipation expresse. Plus tard, l'ordonnance de 1673 vint généraliser cette règle et en fit le droit commun de la France.

III.

32. Le législateur moderne se trouvait en face de principes tout différents, entre lesquels il devait choisir : d'un côté la loi romaine, législation exotique adoptée dans certain provinces qu'on appelait pays de droit écrit; de l'autre, le droit coutumier, droit national, produit des usages qu'une génération transmettait à l'autre et que modifiaient sans cesse et transformaient sans relâche la sagesse et l'expérience d'infatigables jurisconsultes. Ceux qui s'étaient chargés de rédiger le Code civil ne pouvaient hésiter, et ils écrivirent dans nos lois nouvelles les principes du droit coutumier, bien plus en harmonie avec les mœurs et les habitudes modernes que la loi romaine, organisatrice d'une puissance paternelle qui empruntait sa force au droit civil plutôt qu'à la nature, et dont notre siècle devait répudier les principes rigoureux.

33. Le mineur peut se trouver, relativement à son état de dépendance, dans trois positions distinctes : ou ses père et mère existent encore, et il est alors soumis à la puissance paternelle; ou l'un d'eux est

décédé, et, dans ce cas, l'enfant est soumis à la puissance paternelle et en même temps à la tutelle; ou enfin le père et la mère sont morts : il y a seulement une tutelle.

Malgré la différence de ces hypothèses, le Code ne reconnaît qu'un moyen de faire cesser l'état d'incapacité de l'enfant avant sa majorité : il faut toujours recourir à l'émancipation, et nos jurisconsultes modernes ont rejeté de nos lois la distinction faite par notre ancien droit de deux sortes d'émancipation.

34. On peut donc définir l'émancipation : un acte juridique qui affranchit un individu mineur, soit de la puissance paternelle, soit de la tutelle, soit à la fois de l'une et de l'autre puissance, lorsqu'il se trouvait à la fois soumis à toutes les deux (1).

Proudhon nous en donne une autre définition : « L'émancipation, dit-il, est un *acte légitime* par lequel le mineur acquiert le droit de gouverner sa personne et d'administrer ses biens (2). »

35. Dans l'état actuel de notre droit, l'émancipation peut résulter de deux causes distinctes : d'une disposition de la loi ou de la volonté spontanée des parents. Dans le premier cas, il y a émancipation légale ou tacite ; dans le second, émancipation expresse ou par déclaration spéciale.

---

(1) Demol., t. VIII, n° 25.
(2) Il est probable que Proudhon se réfère, par les mots *actes légitimes*, à la loi 77, ff. *de regul. juris*, lib. IV, tit. XVII, qui range l'émancipation parmi les actes légitimes.

SECTION PREMIÈRE.

DE L'ÉMANCIPATION TACITE.

36. L'émancipation tacite résulte de plein droit du mariage du mineur. C'est, en effet, ce que nous dit l'art. 476 du Code civil, qui s'exprime ainsi : « Le mineur est émancipé de plein droit par le mariage. »

37. Cette règle, si conforme à la raison, fut empruntée à nos pays de Coutumes. On ne pouvait admettre, en effet, que le chef de la famille, auquel l'épouse doit obéissance, les enfants respect et soumission, se trouvât placé lui-même sous la puissance d'un père ayant le droit de contrôler chacune de ses actions et d'imposer sa volonté jusque dans le domicile conjugal. Il y aurait eu là un état de choses bien fait pour diminuer le respect et la considération dus au mari et au père, et que le législateur a sagement fait d'effacer de nos lois civiles.

38. Le consentement donné au mariage de l'enfant a pour résultat de lui conférer l'émancipation, quelle que soit sa source ; et c'est ainsi qu'on peut arriver à accomplir indirectement un acte qu'il ne serait pas permis de faire indirectement : le droit de consentir au mariage après la mort des père et mère appartient, en effet, aux aïeuls et aïeules, et, à défaut d'eux, au conseil de famille ; il en résulte que les aïeuls peuvent conférer l'émancipation tacite à leurs petits-enfants, tandis qu'ils n'ont jamais le droit de les émanciper expressément, et que le conseil de famille peut éman-

ciper indirectement un mineur de moins de dix-huit
ans, bien qu'il ne puisse pas lui accorder l'émancipation directe avant cet âge.

39. Aucune déclaration n'a le pouvoir d'empêcher
le mariage de produire l'émancipation du mineur, qui
résulterait même d'une union contractée avec dispense
d'âge (1) (art. 144 et 145). La dissolution du mariage
serait aussi sans effet sur l'émancipation : mais il en
serait autrement de son annulation, qui la ferait disparaître (2).

40. Lors de la rédaction du Code civil, on parla
beaucoup de conserver l'émancipation, qui se produisait de plein droit pour le mineur parvenu à un
certain âge : c'était une sorte de stage, disait-on, par
lequel passait le mineur avant d'arriver à sa majorité.
Cette proposition fut rejetée sur l'avis de Cambacérès,
qui fit observer que le mineur atteignant plus tôt
qu'autrefois l'époque de sa majorité, cette émancipation tacite n'avait plus sa raison d'être. L'émancipation
résultant de l'entrée du mineur dans les ordres sacrés,
aussi bien que celle que produisait jadis l'habitation
séparée, furent également écartées lors de la discussion de ce chapitre.

(1) Cour de cassation, 21 févr. 1821.
(2) Demol., t. III, n° 314; Zachar., t. I, p. 211; Vazeille, t. I,
n° 257. Mais, pendant l'instance sur la validité du mariage, les
époux devraient continuer à être considérés comme émancipés,
et à jouir provisoirement de tous les avantages afférents à cette
qualité.

SECTION II.

DE L'ÉMANCIPATION EXPRESSE.

41. L'art. 477 organise un second mode d'émancipation : par déclaration expresse. Cet article s'exprime ainsi : « Le mineur, même non marié, pourra être émancipé par son père, ou, à défaut du père, par sa mère, lorsqu'il aura atteint l'âge de quinze ans révolus. Cette émancipation s'opérera par la seule déclaration du père ou de la mère, reçue par le juge de paix assisté de son greffier. »

42. Le droit d'émancipation expresse est la faculté attribuée par la loi à certaines personnes de conférer directement à un mineur une capacité et des droits déterminés. C'est le Code qui règle l'étendue et les conséquences de ces droits ; aussi ne saurait-il appartenir à celui qui confère l'émancipation d'en limiter ou d'en modifier les conditions ; et toute condition qui en restreindrait l'effet à un certain temps ou à une certaine classe d'actes serait complétement nulle. Il ne peut, en effet, dépendre d'aucune volonté privée de constituer, en dehors des termes du Code, un état et une capacité différents suivant chaque individu : l'ordre public et l'intérêt des tiers y sont un obstacle invincible.

Nous allons maintenant examiner quelles sont les personnes qui ont le droit d'émanciper, à quel âge le mineur peut être émancipé, enfin quelles sont les formes qu'il faut observer pour y parvenir.

§ I. — *Qui peut émanciper.*

43. Pendant le mariage, le père seul présent et
capable peut émanciper son enfant, parce qu'à lui
seul appartient l'exercice de la puissance paternelle.
Son pouvoir est souverain et sans contrôle; aucun
parent, non plus que le mineur ni la mère, ne pourrait le contraindre à accorder l'émancipation qu'il
refuse; la justice elle-même serait impuissante à l'y
obliger (1).

44. Il s'est élevé de nombreuses controverses sur le
point de savoir si le père a conservé l'intégralité de son
droit après la séparation de corps. Les uns, avec Delvincourt, tiennent pour la négative; les autres invo·
quent M. Demolombe pour soutenir l'affirmative (2).

Nous nous rangeons parmi ces derniers, mais nous
croyons en même temps qu'à cette règle générale
on peut, on doit même apporter des modifications, suivant les circonstances et les personnes. Il faut, en
effet, reconnaître aux tribunaux le droit de maintenir,
si besoin est, dans toute leur efficacité, les mesures
qu'ils ont prises dans l'intérêt de l'enfant; parfois, en
effet, il pourrait être dangereux de laisser au père
privé des droits de garde et d'éducation la faculté
d'émanciper son enfant, et de faire indirectement

(1) La jurisprudence est unanime en ce sens (Bordeaux, 11 juil.
1838; trib. de la Seine, 2 août 1836; Caen, 9 juil. 1850).
(2) Il a même été jugé que le droit d'émanciper appartient au
père, alors même qu'il y a divorce entre lui et la mère du mineur:
et l'opposition de la mère ne pourrait, en tout cas, être reçue
qu'autant qu'il serait justifié qu'elle a lieu dans l'intérêt du mineur (Paris, 1re et 2e chamb. réun., 1er mai 1813).

échec à la décision judiciaire qui le frappe, en mettant son fils en position de revenir habiter avec lui. Dans de pareils cas, la personne à laquelle a été confié l'enfant pourrait fort bien s'adresser à la justice pour lui demander la révocation d'une semblable émancipation. Mais, nous le répétons encore, les parents seuls ayant été institués par la loi juges suprêmes de l'émancipation à accorder à leurs enfants, les tribunaux ne peuvent intervenir que dans le cas de nécessité flagrante, pour réprimer les abus les plus graves (1).

45. La puissance paternelle et, par suite, le droit d'émancipation appartiennent au survivant des époux, sans qu'on doive considérer s'il a contracté ou non un nouveau mariage, s'il est ou s'il n'est pas tuteur de ses enfants. Il ne faut pas non plus distinguer entre le cas où le mari survit et celui où il est prédécédé, et nous accorderons la faculté d'émanciper à la mère remariée non maintenue dans la tutelle, et sans qu'il soit besoin de l'autorisation de son nouveau mari (2).

(1) Nous irons même jusqu'à accorder le droit d'émanciper son enfant au père ou à la mère tombé sous le coup de l'art. 335 du Code pénal, car cet article ne lui enlève pas cette faculté, et, en matière pénale, tout est de droit strict.

(2) Demolombe ; Fréminville, t. II, n° 1034. — L'objection qu'en cas de second mariage la tutelle ne lui est pas toujours conservée est facile à faire disparaître : dans le cas de tutelle, l'influence du nouveau mari est à craindre ; elle peut nuire aux intérêts de l'enfant ; il est faible : la loi devait se montrer prévoyante. Mais, quand il s'agit d'émancipation, la question change de face. Ce n'est plus un enfant incapable de se défendre que nous avons devant les yeux, mais un homme que la loi a jugé digne de marcher seul dans la vie. Cette manière de voir, du reste, a été sanctionnée par plusieurs décisions judiciaires : Liége, 6 mai 1806 ; Colmar, 17 juin 1807.

46. Une observation commune au père et à la mère se présente dans le cas où l'un d'eux a été exclu ou destitué de la tutelle. En vain Delvincourt a voulu faire résulter de cette déchéance la perte pour l'époux du droit d'émanciper les enfants dont il n'est plus tuteur. La doctrine et la jurisprudence sont unanimes à rejeter cette opinion : elle est inadmissible, puisque la loi, en laissant à l'époux exclu ou destitué la puissance paternelle, lui a conservé implicitement le droit d'émanciper (1).

47. Quand le père est dans l'impossibilité d'exercer la puissance paternelle par suite d'absence ou d'interdiction, la mère a-t-elle le droit d'émanciper son enfant mineur? Cette question est excessivement controversée, et il s'est produit à son sujet jusqu'à quatre opinions distinctes.

48. La première, à laquelle se rallie Proudhon, refuse ce droit à la mère sans aucune distinction. Les mots de l'art. 477, « à défaut de père, » font allusion, en effet, à la mort naturelle ou civile de celui-ci. La mère n'exerce l'autorité que provisoirement et au nom du père; or l'émancipation qu'elle accorderait apporterait une modification grave et définitive dans l'état de l'enfant, au détriment du pouvoir que son père pourra recouvrer un jour. Et si l'on objecte le moyen que possède la mère d'émanciper ses enfants en consentant à leur mariage, il est facile de répondre que la faveur toute spéciale dont le législateur entoure le

(1) Mais ici encore, nous accorderons à la justice le droit de contrôler l'exercice de la puissance paternelle (C. de Bordeaux, 7 janv. 1852).

C

mariage explique aisément l'exception apportée à un des grands principes de notre législation. Il n'est pas moins facile de réduire à néant l'argument tiré de l'art. 2 du Code de commerce, puisque, dans cet article, le législateur suppose l'enfant déjà émancipé. Cette opinion ne tient compte, contrairement à l'esprit de la loi, que de l'intérêt du père, et oublie celui de l'enfant lui-même.

49. La seconde opinion fait une distinction : l'enfant a-t-il moins de dix-huit ans, la mère ne peut l'émanciper ; elle a ce pouvoir, au contraire, lorsqu'il a atteint cet âge. Ce système est fondé sur l'impossibilité où se trouve la mère de faire disparaître l'usufruit légal, qui appartient toujours au mari, sur les biens de son enfant mineur de dix-huit ans. Cependant Marcadé (1), qui suit cette opinion, la repousse dans le cas de déclaration d'absence : il accorde alors à la mère le droit d'émanciper l'enfant, quel que soit son âge, parce que, aux yeux de la loi, l'état d'absent déclaré équivaut à la mort. On peut reprocher à ce système de faire prédominer l'avantage pécuniaire du père sur les intérêts les plus graves de l'enfant.

50. Un troisième système, soutenu par M. Duranton (2), accorde dans tous les cas à la mère le droit de conférer l'émancipation, mais sans qu'il en puisse jamais résulter pour le père l'extinction de l'usufruit légal qui lui appartient.

51. Enfin une quatrième opinion, qui est celle de

(1) T. II, art. 477. C'est aussi le système de Fréminville, t. II, n° 287.
(2) T. III, n° 655.

Demolombe, et qui est aussi la nôtre, accorde à la mère le droit d'émanciper son enfant, sans faire aucune restriction à l'égard de l'usufruit légal ; tous les effets ordinaires de l'émancipation se produisent, et le père interdit ou absent cesse d'avoir la jouissance des biens de l'émancipé. Ce système s'appuie sur les textes et sur les principes généraux du droit. En effet, l'art. 477, en disant « à défaut du père, » a évidemment voulu employer des expressions générales embrassant non-seulement les cas de mort naturelle ou civile du mari, mais encore ceux d'absence ou d'interdiction. Du reste, la loi statue presque toujours sur le *plerumque fit*, et, dans le cas qui nous occupe, elle n'a rien de limitatif. En outre, l'art. 141 appelle la femme à remplacer son mari absent, quant aux droits d'éducation et d'administration; or la faculté d'émanciper n'est-elle pas une conséquence nécessaire de ces droits? De plus, l'intention du législateur ressort clairement de l'art. 2 du Code de commerce, qui donne à la mère le droit d'autoriser son fils à faire le commerce dans le cas d'absence ou d'interdiction du père. Sans doute, on peut objecter que cet article suppose le mineur déjà émancipé; mais, si la loi a eu pour but de permettre à la mère d'autoriser son enfant à faire le commerce « à défaut du père, » elle devait en même temps lui donner le droit d'accorder l'émancipation, sans laquelle l'autorisation deviendrait inutile et même impossible. Enfin, comment admettre que la mère, toute-puissante pour faire de son enfant émancipé un majeur pour tous les actes de son commerce, au lieu et place de son mari absent ou interdit, reste sans pouvoir alors qu'il ne s'agit d'accorder à cet enfant que le bénéfice d'une simple émancipation ?

51 *bis*. Ainsi se trouve réfuté le système qui refuse dans tous les cas à la mère le droit d'émanciper le mineur. Quant aux autres opinions, elles s'appuient sur des distinctions arbitraires. Est-il logique, est-il raisonnable, en effet, d'accorder à la femme dont le mari est interdit ou absent les droits de puissance paternelle, d'éducation, de garde et de correction, de remettre entre ses mains tous ces pouvoirs d'une direction si difficile et d'une portée si élevée, pour venir lui refuser l'exercice d'un droit tout simple et tout naturel sous le prétexte qu'il peut léser les intérêts pécuniaires du mari ? La puissance paternelle est-elle un devoir, ou bien est-elle un droit ? Le législateur l'a-t-il entourée de certaines garanties, l'a-t-il armée de priviléges dans l'intérêt du père ou bien dans celui de l'enfant ? A cet égard, il ne peut y avoir deux opinions. Eh bien ! en refusant à la mère le droit d'émanciper le mineur du vivant de son père, on nuit de la manière la plus grave à ses intérêts ; on rend impuissante à le protéger, à l'établir, à lui faire une position brillante ou heureuse, celle qui reste le seul secours, l'unique protectrice de l'enfant dont le père est mort moralement.

52. Il nous reste à examiner le cas où le père et la mère du mineur sont morts. L'art. 478, qui prévoit cette hypothèse, s'exprime en ces termes : « Le mineur resté sans père ni mère pourra aussi, mais seulement à l'âge de dix-huit ans accomplis, être émancipé, si le conseil de famille l'en juge capable. En ce

cas, l'émancipation résultera de la délibération qui l'aura autorisée, et de la déclaration que le juge de paix, comme président du conseil de famille, aura faite dans le même acte que le mineur est émancipé. »

53. La loi n'a pas voulu confier au tuteur la mission d'émanciper le mineur, parce qu'elle a craint, d'un côté, qu'il ne fût trop empressé à émanciper son pupille pour se débarrasser de la tutelle, ou qu'au contraire il fût peu disposé à accorder l'émancipation lorsque cet acte devrait amener de sa part la restitution des capitaux du mineur. Ces appréhensions ne pouvaient s'élever contre le conseil de famille, et c'est parce qu'on est sûr de trouver parmi ses membres les meilleures garanties d'impartialité et de bienveillance envers le mineur que le Code l'a chargé de l'émancipation.

54. Le conseil de famille n'ayant pas de session permanente, et ne se rassemblant que sur une convocation expresse, la loi a dû conférer à certaines personnes le soin de provoquer une réunion du conseil pour délibérer sur l'opportunité de l'émancipation. Tel est l'objet de l'art. 479, qui s'exprime ainsi : « Lorsque le tuteur n'aura fait aucune diligence pour l'émancipation du mineur, et qu'un ou plusieurs parents ou alliés de ce mineur, au degré de cousin germain ou à des degrés plus proches, le jugeront capable d'être émancipé, ils pourront requérir le juge de paix de convoquer le conseil de famille pour délibérer à ce sujet. Le juge de paix devra déférer à cette réquisition. »

55. C'est donc au tuteur qu'appartient en premier

ordre le droit de demander l'émancipation du mineur ;
c'est lui, en effet, qui connaît le mieux l'opportunité
d'une pareille démarche, puisqu'il vit avec le mineur,
et se trouve par conséquent à même d'apprécier mieux
que personne si l'enfant mérite une semblable faveur.
Mais la loi devait prévoir le cas où le tuteur serait
négligent ou désireux de conserver sa charge le plus
longtemps possible, en donnant à un certain nombre
de parents ou alliés du mineur le droit d'agir à sa
place, sans qu'il fût nécessaire qu'ils fissent partie du
conseil de famille.

56. Lorsque les personnes énumérées par la loi
prient le juge de paix de convoquer le conseil de
famille, il doit déférer à cette invitation. Mais est-il
obligé de faire droit à cette réquisition lorsqu'elle lui
est adressée par des parents d'un degré plus éloigné ou
par le mineur lui-même ? La question est fort controversée. Pour l'affirmative, parmi les auteurs modernes,
nous trouvons Toullier, Proudhon, Zachariæ (1) ; Denisart (2), chez ceux qui ont écrit sur l'ancien droit. Ce
système a contre lui l'art. 479, qui, dans son énumération limitative, ne comprend pas le mineur et aussi
l'état d'incapacité de ce dernier, qui ne peut agir seul ;
la loi, du reste, l'a omis avec intention, craignant que
le désir prématuré de jouir de sa liberté et de sa
fortune ne le portât trop tôt à demander son émancipation, et qu'il ne trouvât dans la réponse du conseil
qu'une amère déception.

(1) Toullier, t. II, n° 1290; Proudhon, t. II, p. 428; Zachar., t. I,
p. 243.
(2) Denis., *Émancip.*, t. VIII, n° 4, 5.

La négative, au contraire, est soutenue par MM. Delvincourt, Duranton, Fréminville (1). Ces auteurs vont jusqu'à refuser aux parents éloignés et au mineur le simple droit d'inviter le juge de paix à convoquer le conseil de famille. Il pourrait être dangereux, en effet, disent ces auteurs, de trop étendre les dispositions de la loi sur cette matière ; souvent les parents éloignés sont moins bons juges de l'opportunité de l'émancipation que des membres plus proches de la famille. Leur principal argument consiste à soutenir que le juge de paix n'a pas le droit de convoquer d'office le conseil de famille ; ils s'appuient sur ce que divers articles, tels que 406, 421 et 440, ont accordé expressément cette faculté au juge de paix, et qu'il est d'autant moins permis de la lui reconnaître dans d'autres cas, que tout ce qui a rapport à l'organisation de la famille est d'ordre public.

57. Nous ferons dépendre la solution de cette question du point de savoir si le juge de paix peut convoquer d'office le conseil de famille. Or nous n'hésitons pas à lui accorder ce droit. La loi, en effet, le nomme président de ce conseil et le charge de veiller spécialement aux intérêts du mineur : il a donc besoin d'une certaine initiative pour remplir cette mission. Et quant aux articles qui lui donnent ce droit dans des cas déterminés, rien ne prouve qu'ils soient limitatifs ; ils témoignent, au contraire, que cette faculté n'est pas incompatible avec son rôle de juge. En vertu de ce principe, les parents, quels qu'ils

(1) Delvinc., t. I, p. 469, note 8; Durant., t. III, nos 661, 662; Frémin., t. II, no 1026.

soient, et le mineur lui-même, peuvent donc, en s'adressant à lui, provoquer la convocation du conseil. Il est possible, en effet, que les parents plus proches se montrent indifférents ; peut-être même n'en existe-t-il pas. Pourquoi défendre alors aux membres plus éloignés de la famille, mais aussi plus soucieux des intérêts de l'enfant, de s'adresser directement au juge de paix ? Ce système nous paraît le meilleur, le plus prudent et celui dont le pupille doit retirer les plus sérieux avantages ; car permettre au juge de paix d'accéder à la demande qui lui est faite sans lui en jamais faire une obligation, c'est emprunter aux deux autres opinions ce qu'elles ont de bon et de vraiment sage.

58. Mais nous n'étendrons pas notre système outre mesure ; et, tout en reconnaissant au subrogé tuteur le droit de provoquer l'émancipation, nous le refuserons au protuteur : son éloignement du mineur ne lui permet pas d'apprécier si ce dernier mérite l'émancipation ; et, chargé seulement de l'administration des biens d'outre-mer, il n'a que partiellement les attributions de tuteur.

Nous déciderons de la même façon à l'égard du ministère public, car il n'est que partie jointe, et la loi est complétement muette à son égard.

59. Si nous prenions à la lettre l'art. 478, il faudrait décider que le conseil de famille ne peut émanciper l'enfant qu'autant que le père et la mère sont morts ; mais ici encore, il faut considérer l'esprit plutôt que la lettre de la loi, et comprendre dans les expressions de notre article tous les cas où les parents se trouvent

dans l'impossibilité d'émanciper, c'est-à-dire non-seule-
lement faire application de l'art. 478, quand les
parents sont prédécédés, mais encore lorsqu'ils sont
en état d'absence, interdits ou déchus de la puissance
paternelle.

Marcadé fait une distinction : il assimile la déclaration d'absence à la mort, et il permet au conseil de
famille d'émanciper si les deux parents sont déclarés
absents, si l'un est mort et l'autre déclaré absent,
enfin si l'un est mort ou déclaré absent, et l'autre
présumé absent, interdit ou déchu de la puissance
paternelle. Mais il refuse au conseil le droit d'émanciper si aucun des père et mère n'est mort ou déclaré
absent, et lors même qu'ils seraient tous deux présumés absents, interdits ou déchus de la puissance
paternelle. Il se fonde sur ce que, dans ces dernières
hypothèses, il n'existe pas de tutelle, ni, par conséquent, de conseil de famille; et il argumente de
l'art. 479, qui, en donnant au tuteur avant tous autres
la mission d'assembler le conseil de famille, suppose
bien l'existence antérieure de ce conseil.

Ce système, tout logique qu'il soit en apparence, ne
peut être celui du législateur. La loi, en effet, n'a
mentionné que le cas le plus fréquent; mais tout nous
prouve que son intention a été la même pour ceux où
les parents n'existent vraiment pas quant à l'exercice
de ce droit. N'oublions pas, en effet, que la puissance
paternelle a été instituée avant tout dans l'intérêt de
l'enfant, et qu'il serait inique de le priver de l'émancipation à cause du malheur, de l'éloignement ou de
l'indignité de ses parents; on doit d'autant plus facile-

ment la lui accorder dans ces cas, que non-seulement il n'est plus dirigé par ses père et mère, mais qu'il n'a même pas de tuteur, et qu'il lui importe d'acquérir une certaine capacité pour gérer lui-même sa fortune ou faire un commerce.

M. Demolo e va même jusqu'à accorder au con· seil de famille lroit d'émanciper l'enfant en cas de simple présomp n d'absence du père ou de la mère ; mais alors il veut que le tribunal examine le degré d'utilité de l'émancipation, en même temps que le plus ou moins d'incertitude qui règne sur l'existence des présumés absents.

60. Nous ne pensons pas que le conseil de famille puisse conférer à un mineur une émancipation conditionnelle devant cesser à une certaine époque. Nous repoussons à cet égard la doctrine de Toullier, et nous regardons comme contraires à l'esprit de la loi toutes les restrictions qui pourraient être apportées aux prérogatives que le Code accorde à l'émancipé. Nous nous rallions, sur cette importante question, aux principes du droit romain : *In totum vitiatur per temporis vel conditionis adjectionem* (1). Les tiers, du reste, sont fortement intéressés à l'exclusion de l'arbitraire en cette matière, car ils doivent pouvoir compter sur quelque chose de définitif. Enfin, l'émancipation constitue une modification dans l'état des personnes qui ne peut être l'objet de clauses quelconques de la part des particuliers.

61. Jusqu'à présent, nous nous sommes occupés

---

(1) L. 77, ff. *de regul. juris.*

uniquement des enfants légitimes; il nous reste à parler des enfants naturels reconnus et non reconnus, qu'on peut ranger en trois classes : 1° enfants naturels simples; 2° enfants incestueux ou adultérins; 3' enfants placés dans les hospices.

62. Si l'enfant naturel simple a été légalement reconnu par son père seul ou par son père et sa mère, le chapitre III du titre *De la minorité et de la tutelle* lui est certainement applicable, et le père aura le droit de l'émanciper dès qu'il aura atteint quinze ans. Ce droit passerait à la mère si elle l'avait seule reconnu. Le droit d'émanciper appartient en effet à ceux qui ont la puissance paternelle et spécialement le droit d'éducation; or l'art. 383 assimile à cet égard les parents naturels aux parents légitimes (1).

Lorsque les père et mère de l'enfant naturel reconnu sont décédés, le soin de l'émanciper revient à un conseil de famille composé d'amis ou de personnes notables du lieu où le mineur a son domicile. Dans ce cas, l'enfant doit avoir dix-huit ans.

63. Si l'enfant naturel simple n'a pas été reconnu, ou s'il est issu d'un commerce incestueux ou adultérin, l'émancipation lui sera conférée par un conseil de famille composé ainsi que nous venons de le dire. Dans ces hypothèses, en effet, la filiation du mineur est toujours inconnue aux yeux de la loi. C'est surtout pour cette classe d'enfants que se fait sentir l'utilité de l'opi-

---

(1) Si la garde de l'enfant a été enlevée au père naturel, nous résoudrons la question comme nous l'avons fait plus haut pour le père légitime : un principe, droit pour le père d'émanciper le mineur, sauf appréciation des circonstances par les tribunaux.

nion qui donne au mineur lui-même le droit d'inviter
le juge de paix à réunir le conseil de famille et à pro-
poser l'émancipation.

64. Il ne nous paraît pas inutile d'examiner comment se compose le conseil de famille d'un enfant
naturel. Il ne faut plus songer à y faire entrer les parents ou alliés du mineur, puisque sa qualité d'enfant
naturel, même reconnu, ne crée aucun lien entre lui
et les parents de ses auteurs. On les remplacera donc
par des personnes connues pour avoir eu des relations
d'amitié avec les père et mère du mineur, ou, à leur
défaut, les membres du conseil seront désignés par le
juge de paix, investi par conséquent du droit de les
choisir à son gré. Cependant M. Ducaurroy est d'un
avis contraire, et veut que le conseil de famille soit
alors composé par le tribunal civil. D'après lui, l'article 409, qui constitue une simple exception, ne doit
pas devenir une règle générale. Les amis, dit-il encore, ne portent souvent qu'un intérêt à peu près nul
à l'enfant naturel, et si le juge de paix avait le droit
de choisir les membres du conseil selon son caprice,
nous tomberions dans l'arbitraire, et les intérêts les
plus graves du mineur se trouveraient fréquemment
remis entre des mains indifférentes ou peu sûres.
Enfin, ajoute-t-il encore, ne voit-on pas partout dans
le Code la différence établie par le législateur, au point
de vue du conseil de famille, entre les enfants naturels
et les enfants légitimes ? Pour ceux-ci, le conseil doit
consentir au mariage ; pour les autres, le consentement d'un tuteur *ad hoc* suffit toujours ; pour les premiers, lorsqu'il s'agit de la tutelle officieuse, la loi se

contente du consentement des administrateurs de l'hospice, tandis que, pour les seconds, le conseil de famille doit consentir, à défaut de ses père et mère.

Malgré la force des arguments invoqués à l'appui de ce système, nous ne l'admettrons pas. Bien que l'enfant naturel n'ait jamais de parents et souvent que peu d'amis parmi ceux de ses auteurs, M. Ducaurroy lui-même est bien obligé d'admettre la nécessité d'un conseil de famille. Dès lors, il n'est pas douteux que le juge de paix ne soit mieux à même que le tribunal civil d'en choisir les membres. Ces fonctions sont, en effet, de l'essence même de la magistrature paternelle qu'il exerce : il connaît les personnes, il vit au milieu d'elles, tandis que le tribunal peut se trouver souvent fort éloigné du lieu qu'elles habitent. Enfin cette compétence lui est attribuée par le Code civil, et dans la pratique on n'agit jamais autrement.

65. Quant aux enfants admis dans les hospices à quelque titre et sous quelque dénomination que ce soit, ils sont régis par la loi spéciale du 15 pluviôse an XIII, dont l'art. 3 comprend l'émancipation parmi les moyens de mettre fin à la tutelle de ces enfants. Aux termes de l'art. 4, les commissions administratives des hospices jouissent, relativement à l'émancipation des mineurs qui sont sous leur tutelle, des droits attribués aux père et mère par le Code civil. L'art. 4 ajoute : « L'émancipation sera faite, sur l'avis des membres de la commission administrative, par celui d'entre eux qui aura été désigné tuteur, et qui seul sera tenu de comparaître, à cet effet, devant le juge de paix. L'acte d'émancipation sera délivré sans d'au-

tres frais que ceux d'enregistrement et de papier timbré. » Quant aux fonctions de curateur, elles sont remplies par le receveur de l'hospice (art. 5).

L'art. 7 fait allusion à l'émancipation des mineurs lorsqu'il dit : « Les revenus seront perçus jusqu'à leur sortie (1). » Jusqu'à cette époque, la commission administrative a le droit de recueillir au profit de l'hospice les revenus que peuvent produire les biens de l'enfant trouvé. Il en serait encore de même au cas où il aurait été mis en apprentissage.

§ II. — A quel âge l'enfant peut être émancipé.

66. La loi fait une distinction suivant que l'enfant a encore son père et sa mère, ou l'un deux, ou que tous les deux sont morts ou incapables lors de l'émancipation.

67. Lorsque le mineur a conservé ses parents ou l'un d'eux, il pourra être émancipé dès qu'il aura atteint quinze ans révolus. A cet âge, il est vrai, l'enfant est bien jeune encore pour vivre libre et débarrassé des entraves tutélaires de l'autorité paternelle ; mais les affections de la nature garantissent que l'émancipation sera dans son intérêt, et le danger d'une indépendance prématurée se trouve en partie conjuré par l'amour des parents pour le mineur, par leur connaissance approfondie de son intelligence et de sa maturité d'esprit.

(1) C'est ce qui a été décidé par la cour de Bordeaux, 11 mars 1840.

68. Au contraire, lorsque l'enfant est orphelin, on pouvait craindre que le tuteur, pour se décharger de la tutelle, ne supposât au mineur une capacité précoce, qu'il ne le persuadât au conseil, et que l'émancipation ne devînt ainsi un funeste abandon. Aussi la loi veut-elle que le conseil de famille ne puisse émanciper le pupille que lorsqu'il aura atteint l'âge de dix-huit ans. Alors, en effet, l'intelligence du jeune homme a acquis un développement qui lui permet de gérer sa fortune et de veiller à la prospérité de ses affaires.

69. L'enfant naturel reconnu pourra aussi être émancipé à quinze ans par ses père et mère. Mais lorsqu'ils sont morts, il ne peut plus être émancipé avant l'âge de dix-huit ans, ce qui est la règle générale pour les enfants naturels non reconnus et les enfants adultérins ou incestueux.

70. L'enfant admis dans un hospice peut, au contraire, être émancipé dès l'âge de quinze ans. C'est ce qui résulte de l'art. 4 de la loi de l'an XIII, et l'orateur du Tribunat en fit la déclaration formelle dans l'exposé des motifs, lors de la discussion de cette loi (1).

§ III.—*Formes de l'émancipation.*

71. Lorsque l'émancipation émane des parents du mineur, elle résulte d'une simple déclaration faite par le père ou la mère devant le juge de paix: c'est ce que nous dit l'art. 477.

(1) Locré, t. VII, p. 297.

Aujourd'hui l'émancipation a cessé d'être un vrai contrat passé entre le père et le fils, pour devenir un acte souverain d'autorité domestique que l'enfant ne peut ni critiquer ni provoquer. Autrefois, au contraire, le mineur ne pouvait être émancipé malgré lui ; son consentement était indispensable. En cela, le Code nous paraît avoir innové sur notre ancienne jurisprudence, à ce point qu'il faudrait refuser à l'enfant le droit de former devant les tribunaux opposition à sa propre émancipation ; du reste, il ne pourrait avoir aucun avantage à s'imposer à la garde de son père, tandis que le conseil de famille lui choisira un curateur dévoué et bienveillant (1).

72. Bien que la question ait fait l'objet de quelques doutes, nous n'hésitons pas à nous rallier à l'opinion de M. Demolombe, qui veut qu'on s'adresse, pour l'émancipation du mineur, au juge de paix de son domicile (2). En le décidant ainsi, on ne fait que se conformer aux règles générales de la tutelle. Cette opinion, du reste, s'appuie sur les art. 477 à 479, qui disent « le » et non pas « un » juge de paix ; enfin elle offre aux tiers l'avantage d'être promptement mis au courant de la capacité du mineur, puisque l'émancipation sera nécessairement mentionnée sur les registres du greffe de la justice de paix de son domicile.

73. Dans ce cas, le juge de paix ne fait qu'un acte de juridiction gracieuse : son rôle se borne à recevoir

(1) En droit romain, cette acceptation était regardée comme indispensable de la part de l'enfant (L. 5, C., *de emancip. liber.*; Merlin, *Répét.*, t. IV, *Émancip.*, § 1, n° 10).

(2) Dans l'ancien droit, on pouvait s'adresser à un juge quelconque (Nouveau-Denisart, *Émancip.*, § 1, n° 4, t. VIII).

la déclaration du père ou de la mère ; et il ne lui appartient pas de critiquer l'usage qu'ils font de leur droit souverain, ni de refuser de recevoir l'émancipation.

74. Les parents émancipateurs doivent faire eux-mêmes la déclaration qu'ils veulent émanciper leur enfant. Cependant M. de Fréminville a prétendu qu'on pouvait agir par mandataire muni d'une procuration spéciale et authentique (1). Rien ne s'oppose à ce qu'on admette la même solution aujourd'hui (2). Mais le père ne pourrait pas donner à un tiers mandat d'émanciper son enfant quand bon lui semblerait, parce qu'alors le père n'exercerait plus sa puissance paternelle : il l'abdiquerait.

75. Les créanciers ne sont pas en droit de demander la nullité de l'émancipation, sous le prétexte qu'il en est résulté la renonciation de leur débiteur à son usufruit légal sur les biens de l'émancipé. L'émancipation, en effet, a pour objet principal l'intérêt moral du mineur et non une question d'argent ; la loi en a fait résulter accessoirement la fin de l'usufruit paternel ; mais cette considération de l'intérêt pécuniaire des créanciers ne suffit pas pour enlever à l'enfant le droit qu'il a d'être émancipé.

76. Une déclaration faite devant le juge de paix constitue la seule forme d'émancipation que le législateur ait reconnu. Il est facile, en effet, de conclure, des termes de l'art. 477, qu'il n'est plus permis, comme

(1) Fréminville, t. II, n° 1030.
(2) On a même été jusqu'à soutenir qu'il faudrait valider une procuration sous seing privé.

dans l'ancien droit, de la faire résulter d'un acte notarié ou d'un testament. Le silence du Code à cet égard est d'autant plus significatif que cette émancipation par acte notarié avait été admise dans le projet primitif, et que la rédaction définitive ne l'a pas reproduite.

77. Lorsque les père et mère du mineur seront décédés ou dans l'impossibilité de donner leur consentement, l'émancipation résultera, ainsi que nous le dit l'art. 478 dans sa seconde partie, de la délibération qui l'aura autorisée et de la déclaration que le juge de paix, comme président du conseil de famille, aura faite, dans le même acte, que le mineur est émancipé. Mais la décision du conseil, qui accorde ou qui refuse l'émancipation, est-elle souveraine, ou bien est-elle susceptible d'un recours devant les tribunaux?

Lorsque cette décision a été prise à l'unanimité, elle ne saurait être attaquée par personne; mais, lorsqu'il s'est formé deux opinions dans le conseil, la doctrine et la jurisprudence sont divisées sur le point de savoir si l'on pourra ou non déférer au tribunal l'avis de la majorité. Pour soutenir que la décision du conseil est sans appel, on se fonde sur le caractère de son autorité, qui remplace celle des père et mère ; et si on oppose l'art. 883 du Code de procédure, on répond que cet article ne se réfère qu'au simple avis des parents, et non au cas où le conseil a un pouvoir de décision propre.

Cependant les termes de l'art. 883 sont si généraux et si précis, qu'il nous paraît difficile d'échapper à l'application de ce texte. S'il est vrai, en effet, que la rubrique du titre ne parle que des avis des parents, par une singulière contradiction les articles n'emploient que le mot *délibérations:* il faut donc moins s'attacher aux expressions elles-mêmes qu'à l'intention du législateur, qui a voulu soumettre au contrôle des tribunaux toutes les décisions non prises à l'unanimité; car, dans ce cas, on ne peut accorder la même confiance au conseil de famille. Du reste, ce système est conforme à la tradition de l'ancien droit rapportée par Pothier (1).

IV.

78. Dans l'ancien droit, le mineur émancipé ne jouissait pas d'une capacité complète, et il lui était formellement interdit de faire seul les actes de disposition les plus importants; aussi, pour l'assister dans ces cas exceptionnels, lui nommait-on un curateur.

79. Comme les lettres d'émancipation donnaient toujours lieu à une assemblée de parents, il était d'usage que cette assemblée choisît en même temps le curateur; et la sentence du juge qui homologuait les lettres entérinait aussi l'acte de nomination. Dans tous les cas, c'était au conseil de famille à choisir le curateur et à le présenter au juge du domicile du mineur. Cependant Denisart affirme que, par réminis-

---

(1) Il a été également confirmé par un arrêt de la cour de Toulouse du 22 février 1854.

cence de la règle romaine *curator invito non datur*,
l'émancipé avait, dans les pays de droit écrit, la faculté
de choisir lui-même son curateur. En principe, la
curatelle était donc toujours dative, et les ascendants
à qui était déférée la garde noble ou bourgeoise de
leurs enfants n'étaient cependant curateurs qu'autant qu'ils avaient été nommés expressément. On
n'admettait d'exception à la règle qu'en faveur du
mari, qui était le curateur légitime de sa femme mineure.

80. Le curateur devait se présenter devant le juge
qui avait entériné sa nomination, et prêter serment de
bien et fidèlement remplir les devoirs de sa charge. Il
n'était en droit d'exercer ses fonctions que du jour où
l'acte de nomination avait été insinué au domicile du
mineur.

81. On appliquait généralement à la curatelle les
règles qui régissaient la tutelle. Les causes d'excuses
étaient les mêmes ; on choisissait le plus souvent,
pour remplir les fonctions de curateur, celui qui
avait le plus d'espérance de succéder au mineur, c'est-
à-dire son plus proche parent. En principe, les femmes
en étaient exclues ; on faisait seulement exception à
cette règle en faveur de la mère et de l'aïeule de
l'émancipé.

82. Bien qu'en matière de curatelle nous voyions
toujours dominer ce grand principe que le curateur
n'a aucun pouvoir sur la personne de l'émancipé,
mais qu'il est donné seulement aux biens, les fonctions du curateur, suivant les époques, n'ont pas toujours été les mêmes. Il n'avait pour mission, à l'ori-

gine, que d'assister le mineur en justice (1) : c'est de là que lui vint son nom de curateur aux causes. Quand l'émancipé voulait aliéner un immeuble, il fallait d'abord nommer un tuteur à l'effet de l'autoriser. Plus tard, on trouva ce système trop compliqué, et l'on en arriva peu à peu à préposer le curateur par l'acte même qui le nommait, afin d'assister l'émancipé dans tous les actes d'aliénation de ses immeubles.

83. Si de l'ancienne législation nous passons à l'étude de la curatelle dans notre droit moderne, nous y voyons qu'elle a été constituée pour faire produire tous ses effets à l'émancipation. Le mineur émancipé est, en effet, placé dans un état intermédiaire entre celui du mineur ordinaire et celui du majeur. De nombreuses restrictions sont apportées à la manière dont il peut gouverner sa personne et ses biens, et l'assistance d'un curateur lui est indispensable pour l'accomplissement de certains actes importants ; la nomination d'un curateur est donc une suite nécessaire et comme le complément de l'émancipation elle-même.

84. Le législateur moderne a suivi les errements du droit romain (2) en ce qu'il a seulement admis la curatelle dative, n'apportant à ce principe général qu'une seule exception en faveur du mari, qui devient curateur légitime de sa femme mineure, émancipée par le mariage. Cette curatelle légitime était commandée par des raisons de convenance et par le respect dû à la

(1) Aux mineurs émancipés par le mariage on ne nommait pas un curateur pour ester en jugement. Mais s'il s'agissait d'une action tendant à une aliénation, on devait alors lui donner un tuteur aux actions immobilières.

(2) Inst., L. 1, tit. xxiii, § 1.

puissance maritale, aussi bien que par la tradition de
l'ancien droit. Elle ressort, du reste, clairement de
l'art. 2208, qui s'occupe de l'expropriation, et de l'article 506, par voie d'analogie (1).

85. En sens inverse, il ne faudrait pas décider que
la femme majeure est investie légalement de la cura·
telle de son mari mineur. Cette solution, en effet, ne
se trouve commandée par aucun texte ni par aucune
raison de convenance ; nous irons même jusqu'à
refuser au conseil de famille le droit d'appeler la
femme à la curatelle. On peut, en effet, dans le silence
du Code, invoquer par analogie l'art. 443, qui pose
en principe l'inaptitude de la femme à la tutelle, et
n'y fait exception que pour les ascendantes. Quant à
l'art. 507, il ne constitue qu'une exception faite pour
une situation toute spéciale (2).

86. A part le cas d'un mari curateur de sa femme
mineure, nous n'hésitons donc pas à décider qu'il
n'existe pas dans notre droit de curatelle légitime (3).
Cependant la question est fort controversée, et les opi-

(1) C. de cass., 13 janvier 1840; Duranton, t. III; Vazeille, t. II,
n° 349; Valette, sur Proudhon, t. II, p. 440.—Un jugement du tri·
bunal civil de la Seine, du 2 décembre 1853, a annulé une décision
du conseil de famille qui nommait à la femme mineure un cura·
teur autre que son mari.

(2) Seule, dans l'ancien droit, la Coutume de Bretagne donnait la
femme pour curatrice à son mari prodigue, et elle avait ainsi
mérité le reproche de changer le cours de la nature en faisant de
la femme le chef de l'homme.

(3) On peut cependant trouver un second exemple de curatelle
légitime dans l'hypothèse d'un enfant admis dans un hospice :
lorsqu'il est émancipé, l'art. 5 de la loi du 15 pluviôse an XIII
déclare que le receveur de l'hospice lui servira de plein droit de
curateur.

nions entre lesquelles s'est partagée la doctrine sont
fort nombreuses.

87. M. Delvincourt enseigne que toutes les règles
établies par la loi pour la nomination d'un tuteur
doivent être appliquées en matière de curatelle. On
invoque à l'appuie de ce système l'identité des motifs
entre les deux cas et le silence complet du Code, qui a
voulu se référer simplement aux règles de la tutelle.
Mais si l'on adopte cette opinion, il faut alors admettre
la curatelle testamentaire, sous peine de n'être pas
conséquent avec ses principes; or aucun auteur n'a
jamais été jusque-là. Dès lors, on tombe dans l'arbitraire ; on ne se trouve plus en face que d'un système
mixte et fantaisiste, n'ayant pas même l'avantage d'être
solidement assis sur des textes de lois empruntés dans
leur intégralité à une autre partie de la législation, et
qu'il ne faut pas hésiter à rejeter.

88. Certains auteurs établissent une distinction
entre les ascendants : ils accordent au père et à la mère
la curatelle de leurs enfants mineurs émancipés, mais
ils la refusent à tous les autres. C'est la manière de
voir de Toullier (1). Zachariæ va même plus loin : tout
en accordant la curatelle légitime au père, il en exclut
impitoyablement la mère.

89. Marcadé (2), rejetant ces distinctions un peu
arbitraires, en établit une d'un genre différent et qui
semble plus conforme au texte : si le mineur a été
émancipé pendant le mariage, le père ou la mère aura
la curatelle légitime ; s'il n'est, au contraire, émancipé

(1) T. II, p. 92 et suiv.
(2) T. II, art. 480, p. 196.

qu'après la mort de l'un ou de l'autre de ses auteurs, le survivant n'est plus curateur légitime, car il était tuteur par avance, et il doit, en cette qualité, rendre ses comptes de tutelle; dans ce cas, la curatelle est toujours dative.

Les objections qu'on peut soulever contre ce système sont trop graves pour que nous puissions l'admettre. Il n'est pas logique, en effet, de refuser la curatelle légitime au survivant des époux, quand on l'accorde au père ou à la mère pendant le mariage : dans les deux cas, en effet, l'émancipation procède de la puissance paternelle. Et cette objection que, dans l'hypothèse d'une émancipation postérieure à la dissolution du mariage, l'émancipateur a des comptes de tutelle à rendre, perd toute sa valeur si l'on considère que le père, en émancipant son enfant pendant le mariage, est tenu de lui rendre ses comptes d'administration légale (1), de telle façon que le conseil de famille doit encore nommer un curateur *ad hoc*.

90. Nous laisserons donc de côté ces divers systèmes, qui ne peuvent entièrement nous satisfaire, et nous croyons marcher d'accord avec les principes généraux de notre droit, en décidant que la curatelle est toujours dative (2). Il ne saurait, en effet, y avoir de curatelle légitime que celle instituée par la loi, et aucun texte n'en établit au profit des ascendants. Du reste, si nous nous reportons aux travaux préparatoires, nous y voyons que l'art. 84 du projet, correspondant à l'art. 480, était ainsi conçu : « Les fonctions de cura-

(1) Art. 384, 389, C. civ.
(2) Tel est le système soutenu par M. Demolombe.

tèur seront, dès le moment de l'émancipation, remplies par celui qui était tuteur. » C'était là, en effet, l'établissement de la tutelle légitime ; mais cette disposition a été retranchée, et on l'a remplacée par l'art. 480, qui dispose que le curateur sera nommé par le conseil de famille ; et les rédacteurs ont déclaré formellement que ce changement dissiperait jusqu'au plus léger doute sur notre question (1). Du reste, tous les articles du Code qui parlent d'un curateur supposent toujours qu'il est déjà nommé, et se reportent, par conséquent, à l'art. 480, véritable point de départ en cette matière. Enfin, si le père émancipateur avait été de droit le curateur légitime de son fils, il aurait pu en profiter pour faire avec celui-ci des opérations que la nouvelle capacité de l'émancipé aurait souvent rendues aussi faciles que ruineuses. On comprend donc que la loi ait donné au conseil de famille seul le droit de nommer un curateur, qui sera ainsi à l'abri de tout soupçon.

91. Après avoir vu comment est constituée la curatelle, il nous reste à examiner les différents caractères de cette fonction. Voyons d'abord si elle peut être refusée. — Selon nous, elle constitue une charge publique et obligatoire : nous en trouvons la preuve dans l'art. 34 du Code pénal et dans la loi du 30 juin 1838 (art. 34). Il est vrai que le Code est muet à ce sujet et que l'art. 1370 ne parle que des administrateurs. Mais, la curatelle n'étant, ainsi que le dit M. Demolombe, qu'une suite et un diminutif de la tutelle,

(1) Locré, *Législation civile*, t. VII, p. 116 et 227.

il est très-probable que les rédacteurs de la loi ont
entendu la rendre obligatoire. Comme la tutelle, elle
a pour but de satisfaire à un grave intérêt social, de
protéger l'enfant contre certains périls. Pourquoi la
loi qui accorde à certaines personnes le droit de choisir
un curateur ne leur aurait-elle pas en même temps
donné le pouvoir de faire exécuter leur volonté? Du
reste, si les rédacteurs du Code ont négligé d'édicter
des dispositions spéciales à la curatelle, c'est qu'ils
ont voulu imiter l'ancien droit, qui avait fini par
détruire toute distinction entre la tutelle et la curatelle comptable.

92. En notre matière, faut-il recourir à la tutelle
pour savoir quelles sont les causes d'incapacité, d'exclusion ou de destitution qui peuvent s'opposer à ce
que la curatelle de l'émancipé ne soit confiée à certains
individus? Le législateur était trop prudent pour qu'on
puisse raisonnablement admettre le contraire. Du
reste, les art. 34, § 4, et 42, § 6, du Code pénal, ne laissent subsister aucun doute à cet égard. Nous déclare-
rons donc incapables d'être curateurs : 1° les mineurs,
excepté le père et la mère; 2° les interdits; 3° les
femmes autres que les ascendantes; 4° et enfin ceux
qui ont ou dont les père et mère ont avec l'émancipé
un procès important; et nous regarderons comme
exclus ou destituables : 1° les condamnés à une peine
afflictive ou infamante; 2° les gens d'une inconduite
notoire; 3° ceux dont la gestion atteste l'incapacité ou
l'infidélité.

93. Quant aux causes d'excuse, l'assimilation n'est
plus possible; on ne peut invoquer non plus les art. 34

et 42 du Code pénal. D'un autre côté, la curatelle constitue une charge bien moins lourde que la tutelle;
aussi concluons-nous que les motifs d'excuse doivent
être laissés à l'appréciation du conseil de famille (1).
Certains auteurs cependant, trouvant à ce système
tous les inconvénients de l'arbitraire, préfèrent recourir pour le tout au Code civil, titre *De la tutelle*, et
admettent dès lors toutes les causes d'excuse qui y
sont énumérées.

94. Un second caractère de la curatelle est d'être
une charge générale et permanente. Le curateur n'est
point donné à l'enfant pour l'assister dans telle ou
telle affaire déterminée, mais bien pour compléter sa
capacité dans toutes ses affaires importantes, et il doit
rester en fonctions pendant toute la durée de la curatelle, c'est-à-dire jusqu'à la majorité ou la mort de
l'émancipé. Cependant ce principe souffre plusieurs
dérogations, et il est souvent nécessaire de nommer
un curateur *ad hoc* (2), à l'effet d'assister le mineur
dans une affaire spéciale. Cela se présentera notamment dans les quatre circonstances suivantes :

1° Lorsque le conseil de famille aura déféré la curatelle au tuteur sortant de charge. Ce tuteur, en effet,
doit avant tout rendre son compte de tutelle, et il est
impossible qu'il se le rende à lui-même. Il faudra donc
nommer un autre curateur dont la seule mission sera
de recevoir ce compte.

(1) Zachariæ, t. I, p. 262 ; Marcadé, t. II, art. 481, n° 1.
(2) C'est au conseil de famille qu'appartient le soin de nommer
le curateur *ad hoc*. Du reste, la jurisprudence est unanime à cet
égard (Ch. du cons. de la Seine, 24 févr. 1851).

2° Lorsque, dans une même affaire, plusieurs émancipés placés sous la curatelle d'une même personne
ont des intérêts contraires, le curateur ordinaire ne
peut alors assister que l'un des émancipés, et il est
nécessaire de nommer un curateur *ad hoc* à chacun
des autres.

3° De même, si le curateur se trouve avoir, dans une
circonstance particulière, un intérêt opposé à celui de
l'émancipé, il sera remplacé momentanément par un
curateur *ad hoc.*

4° Enfin, lorsque le mari d'une femme mineure
contre laquelle se poursuit l'expropriation forcée est
mineur lui-même ou refuse de l'assister, l'art. 2208
donne au tribunal le droit de nommer un curateur *ad
hoc* pour chaque affaire : c'est là, en effet, le seul
moyen de concilier l'intérêt de la femme avec le respect de l'autorité du mari.

95. Dans tous les cas, le curateur n'est jamais le
représentant de l'émancipé : il ne fait que l'assister.
Le mineur agit par lui-même, et le curateur intervient
seulement pour compléter sa capacité relativement
aux actes les plus importants. Par suite, le rôle et la
responsabilité du curateur sont bien moindres que
ceux du tuteur. Du reste, le Code étant resté muet à
cet égard, il faut ici appliquer le droit commun. Le
curateur sera donc responsable non-seulement de son
dol, mais encore de sa faute grave. Il pourrait, en
outre, être forcé de supporter les amendes encourues,
aux termes de la loi du 22 frimaire an II, par celui qui
n'a pas payé les droits de mutation dans le délai pres-

crit, lorsque l'émancipé est héritier, donataire ou légataire de quelques biens.

96. Puisque la nomination du curateur exige la réunion du conseil de famille, et que la loi n'a imposé à personne le devoir de le convoquer, à qui appartiendra le droit d'en requérir la réunion? Par identité de motifs, nous l'accorderons aux mêmes personnes qui, d'après l'art. 406, pourraient convoquer le conseil à l'effet de nommer un tuteur, c'est-à-dire aux parents du mineur, à ses créanciers, à toutes autres personnes intéressées et au juge de paix. Nous étendrons cette faculté au mineur lui-même, parce qu'il y est le plus intéressé, et que, du jour de l'émancipation, il est devenu capable de faire personnellement tous actes d'administration.

97. Reste une dernière question à examiner : quel sera le juge de paix compétent, et, par suite, quels seront le siége et le personnel du conseil de famille appelé non-seulement à nommer le curateur, mais encore à autoriser certains actes pendant la durée de la curatelle ? M. Demolombe veut que le juge de paix compétent pour convoquer le conseil de famille dans le but de nommer un curateur soit toujours celui du lieu de l'ouverture de la tutelle, ou celui du domicile du père, si l'émancipation est accordée durant le mariage. Le mineur, en effet, ne doit pas pouvoir changer à son gré la compétence du juge de paix et la composition du conseil de famille (1).

---

(1) T. VIII, p. 190. —Cette opinion se trouve confirmée par un arrêt de la cour de cassation du 17 décembre 1849.

98. D'après Marcadé, au contraire, la compétence du juge de paix et la composition du conseil de famille dépendent du domicile de l'émancipé, jusqu'à la nomination du curateur ; mais, après cette nomination, elles se trouvent invariablement fixées par le domicile de ce curateur.

Cette opinion nous paraît bonne, et nous l'adopterons de préférence à celle de M. Demolombe, qui viole certainement les art. 108, 406 et 480 du Code civil. S'il est vrai, en effet, que ces articles, conçus en termes généraux et applicables à tous les tuteurs, fixent invariablement le domicile de la tutelle au lieu où elle s'est ouverte, il n'en est plus ainsi lorsqu'il s'agit de nommer un curateur au mineur émancipé. Celui-ci, par le seul fait de son émancipation, acquiert un domicile qui lui est propre et qui peut se trouver fort éloigné de celui qu'il avait dans l'origne, ou du lieu qu'habite son tuteur. Pourquoi, dès lors, ne serait-ce pas à ce domicile qu'aurait lieu la convocation du conseil, et pourquoi vouloir qu'il se réunisse au lieu de l'ouverture de la tutelle, puisqu'il n'existe plus de tutelle ? Avant l'émancipation, on comprend aisément que la composition du conseil soit fixée d'une façon invariable par le domicile d'origine du mineur : il fallait éviter qu'en changeant de demeure, le tuteur eût la faculté de la modifier à son gré. Mais ici cette considération n'existe plus ; l'intervention du curateur, et du conseil de famille surtout, n'est requise qu'à de longs intervalles, durant lesquels le mineur a le droit d'aller habiter aussi loin qu'il le voudra de sa première demeure. Il paraît alors bien difficile d'exiger du conseil, et surtout du

curateur, qu'ils se transportent au pays éloigné que l'é-
mancipé a choisi, toutes les fois que leur assistance est
nécessaire. Il nous semble bien plus simple de nommer
un curateur au domicile du mineur, et d'accorder au
juge de paix du lieu qu'il habite le droit d'y convoquer
le conseil de famille.

DEUXIÈME PARTIE.

EFFETS DE L'ÉMANCIPATION.

I. — Effets de l'émancipation dans l'ancien droit.
II. — Effets de l'émancipation dans le droit moderne.
III. — Du mineur émancipé commerçant.

I.

99. L'effet de l'émancipation accordée par le père de famille est de délivrer l'enfant de l'espèce d'asservissement auquel les lois l'ont assujetti, et de le rendre capable de tous les actes de la vie civile, sans avoir besoin d'être autorisé par son père.

L'enfant cesse donc d'être sous la garde de son père; il peut se choisir un domicile propre, et il devient le maître de sa fortune comme de ses actions. Désormais, les biens qu'il acquiert ne profitent qu'à lui-même, et les diverses incapacités relatives à son droit de disposition cessent : le fils peut dorénavant emprunter, et disposer de toute sa fortune par donation, à cause de mort ou par testament. Il a, vis-à-vis de son père, une personnalité propre, et les donations entre-vifs sont désormais permises entre eux, aussi bien que toutes autres obligations civiles.

100. Cependant l'enfant n'a l'exercice de ses nouveaux droits qu'autant qu'il a atteint sa majorité lors de son émancipation; s'il est encore mineur, il entre sous la tutelle de son père ou sous sa curatelle, jusqu'à l'âge de vingt-cinq ans.

101. En outre, certains attributs de l'autorité paternelle survivent à l'émancipation : ainsi l'enfant continue de devoir à son père des aliments, et il doit obtenir son consentement lorsqu'il veut se marier avant vingt-cinq ou trente ans, selon son sexe, ou au moins lui demander conseil après cet âge; c'est la disposition formelle de l'ordonnance de Henri II, en 1556.

102. Enfin le père, en émancipant son fils, conserve, comme à Rome, l'usufruit de la moitié des biens adventices, à moins que l'émancipation ne lui ait été imposée par le juge. Mais on lui reconnaît la faculté de renoncer à ce bénéfice, sans que ses créanciers puissent réclamer. Des controverses s'élevèrent sur l'étendue de ce droit du père, et notamment sur le point de savoir s'il s'appliquait aux biens adventices acquis par le fils après l'émancipation. L'opinion de Dunod, qui restreignait cet usufruit aux biens de la mère morte après l'émancipation, finit par être généralement adoptée; elle s'appuyait sur une constitution romaine (1), et sur le motif assez peu plausible que ce droit était accordé au père pour le consoler de la perte de sa femme.

103. Lorsque l'enfant était soumis à la puissance tutélaire, l'émancipation avait pour effet principal de lui donner la libre administration de ses biens. Il pouvait toucher seul ses revenus, en faire l'emploi qu'il

(1) C., 3, *de bonis maternis.*

8

jugeait convenable, et même disposer de toute sa fortune mobilière.

104. L'émancipation ne faisait pas seulement cesser
la tutelle, elle mettait aussi fin à la garde noble, qui
appartenait au survivant des père et mère sur les biens
de leurs fils âgés de moins de vingt ans, et de leurs
filles âgées de moins de quinze ans, et à la garde bourgeoise, qui durait jusqu'à quatorze ans pour les enfants mâles, et douze ans pour les filles.

105. La capacité de l'émancipé était loin d'être complète : il ne pouvait ester seul en justice, ni comme
demandeur ni comme défendeur, excepté au criminel;
en matière civile, il devait toujours être assisté de son
curateur. La Coutume de Paris faisait seulement une
exception à cette règle, en permettant au mineur
émancipé par mariage de plaider seul dans les actions
mobilières ou concernant l'administration. Il fallait
donc, en général, assigner le curateur en même temps
que le mineur. Mais tous les actes étaient faits au nom
de l'émancipé, et c'était à lui-même, et non au curateur,
que les significations de la partie adverse devaient être
adressées.

L'émancipé n'avait pas non plus le droit d'aliéner ou
hypothéquer seul ses immeubles, ni de vendre ses nè-
gres. L'assistance de son curateur, l'avis des plus proches parents et un décret du juge autorisant l'aliénation étaient nécessaires.

Enfin, le mineur émancipé qui n'a plus d'ascendants ne peut pas librement contracter mariage. Alors,
dit Meslé, « le consentement ne peut pas être donné
par le curateur, qui n'a pas l'administration ; il faut un

avis des parents qui nomme un tuteur ou curateur pour consentir au mariage et pour régler les conventions matrimoniales; ou bien le décret du juge qui autorise l'avis des parents qui consentent au mariage suffira pour autoriser le mineur à contracter mariage selon la coutume. »

106. La restriction dont nous avons parlé au droit de disposition de l'émancipé était admise dans toute la France; mais il en était d'autres qui résultaient d'une disposition particulière des Coutumes, ou qui avaient été consacrées de longue date par la jurisprudence. C'est ainsi que la Coutume de Bretagne ne permettait pas aux personnes émancipées par mariage de constituer rentes ou hypothèques, vendre ou arracher grands bois, ni prendre avance pour plus d'un an sur leurs revenus. D'autre part, Pothier dit que la sentence d'entérinement apportait souvent des restrictions aux droits de l'émancipé de disposer seul de ses biens meubles.

Argou soutient de même que les débiteurs des émancipés ne peuvent pas leur payer valablement le capital de leurs créances, ni leur rembourser une rente sans le consentement du curateur. La doctrine et la jurisprudence tendaient ainsi à élargir le cercle des actes pour lesquels l'assistance du curateur était nécessaire.

107. Lorsqu'un de ces actes avait eu lieu sans observer les conditions exigées, le mineur émancipé pouvait demander des lettres de rescision, en prouvant que le contrat en question lui occasionnait un préjudice, et il le faisait annuler en justice pour cause

de lésion. Cette faculté appartenait même au mari mineur qui avait autorisé sa femme majeure à aliéner ses propres, nous dit Loysel.

En outre, Domat reconnaissait au mineur qui avait aliéné ses immeubles le droit de demander la nullité de la vente indépendamment de toute lésion, et on avait fini par lui accorder l'action en rescision contre tous les actes en général qui pouvaient lui causer un préjudice. Mais on s'aperçut bientôt que cette faveur excessive nuisait au mineur lui-même, et Pothier rapporte que, de son temps, la jurisprudence n'accordait plus l'action en rescision pour lésion, lorsqu'il s'agissait des actes de pure administration de l'émancipé. Ce fut là le dernier état du droit.

II.

108. Dans notre droit moderne, l'émancipation constitue une sorte d'état intermédiaire entre l'incapacité du mineur et la liberté de l'homme arrivé à sa majorité; elle habitue peu à peu l'enfant à se conduire sans guide et sans soutien, elle le prépare à user sagement de l'entière indépendance que ses vingt et un ans vont lui apporter avec eux, et dont abusent un trop grand nombre.

Nous allons donc rechercher en détail quelle capacité acquiert l'émancipé relativement à sa personne et relativement à ses biens.

SECTION PREMIÈRE.

EFFETS RELATIFS A LA PERSONNE DU MINEUR.

109. L'effet général de l'émancipation est de mettre fin à la puissance paternelle ou tutélaire, de donner plein pouvoir au mineur pour se gouverner lui-même, et une capacité moins complète en ce qui touche la gestion de sa fortune. Les droits de garde, d'éducation et de correction sont éteints; il peut fixer son domicile où bon lui semble, et employer son temps aux occupations qui lui conviennent. Il peut choisir la profession qu'il lui plaît d'embrasser, louer ses services, s'engager au théâtre, en un mot prendre un état quelconque sans que personne puisse s'y opposer.

110. Cependant la puissance paternelle conserve tout son empire dans certains cas d'une importance exceptionnelle : ainsi le mineur émancipé ne peut se marier sans le consentement de ses père et mère ou ascendants, suivant les distinctions établies par la loi (art. 488 C. civ.). Sans ce même consentement, il ne peut pas non plus se donner en adoption, contracter des vœux religieux, ni entrer dans les ordres sacrés (1). Il y aurait eu, en effet, imprudence à lui laisser contracter seul de semblables engagements, dont les conséquences sur son avenir peuvent être immenses.

111. Quant au point de savoir si le consentement des

_____

(1) Décrets du 18 février 1809 et du 28 février 1810, art. 7.

parents est indispensable à l'enfant qui désire s'engager au service militaire, il est assez controversé. Plusieurs auteurs soutiennent que jusqu'à vingt ans le mineur ne peut s'engager sans le consentement de ses parents : l'art. 374 du Code civil et l'art. 32 de la loi du 21 mars 1832 ne distinguent pas, en effet, entre l'enfant émancipé et celui qui ne l'est pas. De plus, il s'agit ici d'un acte fort important : on aliène pour longtemps sa liberté, on expose souvent sa vie : il importe donc de guider et d'éclairer sa détermination.

112. Cependant nous penchons plutôt vers l'opinion contraire (1) : le mineur n'est plus soumis, en effet, à la puissance paternelle ; or l'art. 374 n'est qu'une conséquence du droit de garde qu'un père possède sur son enfant. De même l'art. 32 de la loi de 1832 exige que l'engagé produise le consentement de son tuteur, dûment autorisé à le donner par délibération du conseil de famille ; or il n'y a plus de tutelle : l'enfant se trouve donc en dehors des termes de la loi. Enfin, l'engagement militaire constitue un acte trop utile au pays pour qu'on ne déroge pas en sa faveur aux règles ordinaires. Plus que jamais la nation a besoin de soldats, et les priviléges du père doivent s'effacer devant ceux plus sacrés encore de la patrie, qui n'a pas trop de tous ses enfants pour la défendre et amener le jour des justes représailles que Dieu sans doute réserve à la France.

(1) Cette opinion est celle de Demolombe et de Zachariæ, t. 1, p. 264, 1re édition.

SECTION II.

EFFETS RELATIFS AUX BIENS.

113. L'émancipation a pour résultat de faire cesser l'administration du père ou du tuteur, et aussi l'usufruit paternel (1). Mais la loi n'a pas remis au mineur la libre disposition de sa fortune, et elle ne lui permet les divers actes de la vie civile qu'en graduant, suivant l'importance de chacun d'eux, les précautions et les formalités nécessaires à leur validité. C'est ainsi qu'on peut, relativement à la capacité de l'émancipé, distinguer cinq classes d'actes.

1° Actes que le mineur émancipé peut faire seul ;

2° Actes pour lesquels l'assistance du curateur est nécessaire mais suffisante ;

3° Actes soumis à l'autorisation du conseil de famille;

4° Actes pour lesquels il faut en outre l'homologation du tribunal ;

5° Actes complétement interdits à l'émancipé.

114. Avant de commencer l'étude de ces diverses

(1) Rien n'est plus juste que cette disposition de la loi, car, du jour de son émancipation, naît souvent pour le mineur l'obligation de subvenir seul à son existence. En général, l'usufruit légal prend fin d'une manière irrévocable. Cependant, au cas où le père ou la mère aurait émancipé l'enfant pour priver frauduleusement les créanciers des avantages que pouvait leur procurer cet usufruit, certains auteurs ont prétendu que les créanciers pouvaient attaquer cette renonciation indirecte par l'action paulienne. Mais la plupart des jurisconsultes sont d'un avis opposé. Peut-être est-il plus sage de laisser aux juges le soin d'apprécier s'il y a eu, ou non, fraude de la part des parents.

catégories d'actes, il est bon de remarquer qu'alors même qu'il est assisté de son curateur, le mineur émancipé agit toujours en son propre nom et par lui-même, et que le curateur ne fait que compléter sa capacité dans certains actes, sans pouvoir jamais le représenter.

§ Ier. — *Actes que le mineur émancipé peut faire seul.*

115. « Le mineur peut faire seul tous les actes qui sont de pure administration, » nous dit l'art. 481 du Code civil. Il faut entendre par actes d'administration tous ceux qui concernent la jouissance, l'administration et l'entretien du patrimoine, tels que tenue de la maison, exercice d'un travail ou d'une industrie. L'émancipé peut donc faire des réparations, vendre l'excédant des cheptels, les renouveler ; il peut dépenser ses revenus, et, quant à eux, il a le *jus utendi et abutendi*. Il a le droit d'affermer ses immeubles, de toucher ses revenus et d'en donner quittance. Mais si les baux dépassaient neuf ans, ils seraient réductibles à ce temps (art. 1429, 1430, 1718 C. civ.).

116. Bien que la question soit controversée, nous ne croyons pas que le mineur puisse renouveler les baux ruraux plus de trois ans, et les baux de maisons plus de deux ans avant leur expiration. Il faut, en effet, appliquer ici les articles du Code qui régissent les biens des mineurs, car les motifs sont identiques ; et l'opinion contraire viole ouvertement l'art. 1718 du Code civil, renvoyant aux art. 1429 et 1430, et qui parle des mineurs sans distinguer entre eux. La juris-

prudence, du reste, s'est prononcée en ce sens (1).

117. Tout en pouvant toucher le prix des fermages et loyers qu'il a consentis, le mineur n'a pas le droit de le recevoir par anticipation : un semblable payement, en effet, ressemble trop à un emprunt ; et, grâce à une pareille accumulation de revenus, l'émancipé pourrait dépenser en quelques jours l'argent de longues années, et se trouver ensuite sans ressources. C'est ainsi que les tribunaux ont jugé la question (2). Certains auteurs, entre autres M. de Fréminville, veulent que, pour valider un acte d'administration de ce genre, on fasse intervenir le conseil de famille, ou tout au moins le curateur. M. Demolombe pense que l'assistance du curateur pourrait suffire, en considérant comme un capital les fermages et loyers accumulés.

118. Le mineur ne pourrait pas non plus accorder à ses locataires ou fermiers remise de totalité ou partie de leur prix de bail. Il peut seulement, dans le cas de bail à ferme, si une partie considérable de la récolte a été enlevée par cas fortuit, reconnaître le droit de son fermier à une diminution de prix, conformément aux art. 1769 et 1770.

119. L'émancipé peut vendre ses récoltes, pêcher ses étangs, faire les coupes ordinaires de bois, en recevoir le prix, et, en général, aliéner tout son mobilier corporel (3). En effet, dans le silence de la loi, il

(1) Nîmes, 12 juin 1821.
(2) Poitiers, 5 mars 1823.
(3) Mais il lui est interdit d'aliéner ses immeubles par destination, ainsi que les bois futaies, bien qu'ils deviennent meubles par la vente qui en est faite. Il lui est aussi défendu d'aliéner même son mobilier corporel à titre gratuit, si ce n'est pas contrat de mariage (art. 1309 et 1393, C. civ.).

faut se prononcer en faveur de la capacité du mineur.
On oppose en vain l'art. 482, qui déclare l'émancipé
incapable de recevoir seul un capital mobilier ; car, s'il
est nécessaire que le curateur intervienne pour le
payement du prix, il est excessif d'en tirer cette conséquence que la vente elle-même n'est pas valable
sans le concours de ce curateur. La loi craint non pas
que l'émancipé vende à trop bon marché, mais bien
qu'il dissipe le prix, et son but n'en est pas moins
atteint dans notre opinion.

120. Les mêmes raisons doivent faire reconnaître à
l'émancipé le droit de vendre seul ses créances et
rentes sur particuliers, actions dans les compagnies
de commerce ou les chemins de fer, valeurs indus-
trielles cotées ou non à la Bourse, fonds de commerce,
achalandages, droits résultant de baux, brevets d'in-
vention, droits de propriété littéraire ou artistique,
et, en général, tous ses meubles incorporels. Il est
regrettable, sans doute, que le Code n'ait pas mieux
protégé la fortune mobilière des incapables ; mais on
ne peut suppléer à son silence. Du reste, le curateur
interviendra lorsqu'il s'agira de recevoir le prix de
vente ; et, en fait, l'acheteur agirait avec prudence en
exigeant le concours du curateur à la vente, pour éviter
que plus tard elle ne fût attaquée comme déguisant
une libéralité ; ce serait même pour lui un devoir de
demander cette intervention si les actes de l'espèce
mentionnée sortaient évidemment des limites de l'administration.

121. Le mineur émancipé peut faire seul tous les
actes conservatoires de ses droits, tels que renouveler

les inscriptions hypothécaires, interrompre la prescription, former des oppositions, faire un protêt, opérer une saisie. Il lui est encore permis de faire toutes
les réparations d'entretien qui restent dans la limite
des actes d'administration; il pourrait même faire de
grosses réparations à ses immeubles, ainsi que des
travaux d'amélioration et de perfectionnement, pourvu
que ces dépenses n'excédassent pas les limites de la
pure administration et fussent de nature à être acquit-
tées avec les revenus. Il a encore le droit de prendre
une maison à loyer (1), ou d'affermer un bien rural,
de choisir et louer des domestiques, d'acheter des
voitures et des chevaux, etc.

122. La question de savoir si le mineur émancipé
peut compromettre ou transiger sans l'assistance
de son curateur, quant à de simples actes d'administration, est controversée. Certains auteurs lui refusent ce droit (2); mais nous ne pouvons être de
leur avis : en donnant au mineur émancipé la libre
administration de ses biens, le législateur a dû lui
permettre en même temps de transiger ou de compromettre en ce qui touche aux droits qui naissent de
cette administration. Mais, bien entendu, nous en
déciderions tout autrement s'il s'agissait d'un immeuble, fût-il acquis avec les économies faites sur les
revenus du mineur, car la loi ne distingue pas entre
les origines diverses que peuvent avoir les immeubles.

---

(1) Mais si les appartements loués étaient trop somptueux relativement à la position du mineur, on pourrait fort bien faire
application de l'art. 484 du Code civil.
(2) Marcadé, t. II, art. 484, n° 1.

123. Des termes de l'art. 482, qui défend à l'émancipé d'intenter aucune action immobilière sans son
curateur, devons-nous conclure qu'il peut plaider seul
soit comme demandeur, soit comme défendeur, relativement à ses droits mobiliers? La question est fort
controversée. MM. Proudhon, Toullier, Marcadé et
Taulier (1) se prononcent pour l'affirmative, en invo-
quant le silence que le Code garde à cet égard, à l'appui
de leur opinion. Ils s'appuient encore sur l'art. 482,
dont les expressions restrictives, « il ne pourra même
recevoir ce capital sans l'assistance de son curateur, »
démontrent qu'évidemment c'est là la dernière limite
de l'incapacité de l'émancipé relativement à sa fortune mobilière.

D'accord avec MM. Demolombe et Duranton (2),
nous préférons le système opposé, qui nous paraît bien
plus conforme au texte et à l'esprit de la loi ; car de la
prohibition de recevoir un capital mobilier et d'en
donner décharge, résulte virtuellement l'impossibilité,
pour l'émancipé, de plaider seul, d'ester en justice
sans l'assistance du curateur au sujet de ce même
capital. Il y aurait, en effet, contradiction à donner au
mineur le droit de demander en justice une somme
qu'il n'est pas capable de recevoir seul et à l'amiable (3).

124. Une question fort controversée est celle de

(1) Proudhon, t. II, p. 432; Toullier, t. II, n° 1296; Marcadé, t. II,
art. 481 ; Taulier, t. II, p. 91.
(2) Demolombe, t. VIII, p. 216; Duranton, n° 669.
(3) Notre opinion est encore partagée par Zachariæ, qui s'exprime
ainsi : « Le mineur émancipé peut ester en justice soit en deman-
dant, soit en défendant, excepté pour les contestations relatives
aux capitaux qui lui sont dus, et pour les partages de succession. »

savoir si l'émancipé peut acquérir seul des immeubles.
Certains auteurs (1) veulent que le mot *achat* de l'article 484 fasse allusion aux immeubles aussi bien qu'aux
meubles : d'où ils concluent qu'une pareille acquisition
n'est pas nulle par suite d'incapacité ou de lésion,
mais qu'elle peut être simplement réduite en cas
d'excès. Cette opinion a pour elle la jurisprudence (2).
M. Demolombe propose un autre système, fondé tout
entier sur une distinction. Le mineur émancipé est
maître de ses revenus et peut en faire l'usage qui lui
convient; il a le droit de les dépenser, à plus forte
raison lui est-il permis de les économiser. Si l'immeuble a été acheté tout entier avec des deniers provenant de ses économies, l'acquisition est parfaitement
valable; elle sera nulle, au contraire, s'il a dû y consacrer une partie quelconque de ses capitaux. Enfin,
un troisième système a été soutenu par M. Troplong (3),
qui refuse absolument au mineur émancipé le droit
d'acquérir des immeubles sans autorisation. Il se fonde
sur ce qu'une acquisition d'immeubles ne constitue
jamais un acte de pure administration, et que l'article 484 ne permet à l'émancipé que les achats qui
rentrent dans cette classe d'actes. L'équité, la loi, la
raison elle-même, assignent au mineur des limites
qu'il ne lui est pas permis de franchir : il peut administrer, disposer de ses revenus, mais le législateur
était trop sage pour abandonner le reste à l'inexpérience et à la faiblesse de son âge. Du reste, les

(1) Marcadé, t. II, art. 481, n° 2; Zacharie, t. I, p. 477.
(2) C. de cass., 15 déc. 1832.
(3) Troplong, *Vente*, t. I, n° 167; Domat, L. 4, t. VI, sect. 2.

art. 481, 482 et 484 semblent ne devoir laisser subsister aucun doute à cet égard.

125. Les divers actes que l'émancipé est capable d'accomplir seul peuvent être faits par lui soit au comptant, soit à crédit. En effet, malgré le danger qu'il peut y avoir à laisser ainsi l'émancipé engager d'avance ses revenus, il ne fallait pas lui enlever le moyen de pourvoir aux besoins de sa maison et à l'entretien de son patrimoine. Pour remédier à cet inconvénient, le projet de loi contenait un art. 85 ainsi conçu : « Le mineur émancipé ne peut valablement s'engager par promesses ou obligations que jusqu'à concurrence d'une année de ses revenus ; et s'il s'oblige au delà, ses créanciers n'auront d'actions sur ses biens que pour une somme égale à cette année de revenus et par concours entre eux au marc le franc de leur créance.» Mais cette disposition ne passa pas dans notre Code : on vit bien vite, en effet, quelles difficultés elle ferait naître, quels obstacles elle apporterait chaque jour aux transactions, et on pensa avec raison que la prudence et la sollicitude doivent, elles aussi, avoir des limites dans l'intérêt des tiers et de l'émancipé lui-même. Cambacérès proposa donc de valider les créances pour les fournitures qui n'excéderaient pas les besoins présumés de l'émancipé, selon son état et ses facultés. Cet avis prévalut au conseil d'État : par conséquent, les obligations personnelles contractées par le mineur à raison d'un acte de pure administration sont valables d'après les règles du droit commun ; et le créancier a pour gage tous les biens de l'émancipé, en vertu du principe de

l'art. 2092, sauf, bien entendu, le réduction de ces obligations pour causes d'excès.

126. Le mineur émancipé peut-il compromettre à l'égard des objets mobiliers dont il a la libre disposition ? Nous n'hésitons pas à répondre affirmativement. S'il est vrai que le tuteur d'un mineur ne peut jamais faire un compromis sans qu'il y ait à distinguer entre les meubles et les immeubles, c'est que la loi n'a jamais donné au tuteur qu'un simple droit d'administration, tandis que le mineur peut toujours aliéner les objets mobiliers qui lui appartiennent : le compromis n'est donc plus pour lui que le corollaire de ce droit d'aliénation.

§ II.—Actes pour lesquels l'assistance du curateur est suffisante.

127. La règle générale est que l'intervention du curateur est nécessaire pour tous les actes qui ne rentrent pas dans la pure administration. C'est bien toujours l'émancipé qui accomplit ces actes par lui-même, mais ils ne sont régulièrement faits qu'autant qu'il a agi avec l'assistance du curateur. L'émancipé conserve le gouvernement et l'initiative, tandis que le curateur exerce un pouvoir de surveillance et de contrôle ; et lorsqu'ils sont d'accord pour agir, l'acte est aussi valable et aussi inattaquable que s'il était fait par un majeur.

128. Il peut arriver que le curateur refuse d'assister le mineur dans un procès ou dans un acte important ; dans ce cas, le refus arbitraire du curateur ne

peut pas faire échec au droit que possède l'émancipé d'agir suivant sa volonté dans les limites de la loi. Nous déciderons donc que le mineur pourrait, en ce cas, s'adresser directement au conseil de famille, qui ordonnerait au curateur d'assister l'émancipé, et, en cas de refus, nommerait un curateur *ad hoc*, ou le remplacerait définitivement. Cette solution est conforme à l'esprit général de notre Code, qui permet à la femme mariée de s'adresser à la justice lorsque son mari refuse sans motifs de l'autoriser. Il a été décidé, dans le même sens, que le tribunal, tout en ne pouvant autoriser directement, avait le droit de remplacer le conseil judiciaire qui refusait d'assister le prodigue (1).

129. Mais supposons le cas inverse : c'est le mineur qui ne veut pas agir. Souvent une pareille conduite sera le résultat d'un entêtement ridicule et préjudiciable à ses intérêts ; et cependant, dans le silence de la loi, il faut s'en tenir aux principes généraux : or qui gouverne, qui agit, si ce n'est le mineur ? Le curateur n'a que le droit de conseil ; il doit se tenir dans les limites de son rôle ; et si le mineur ne veut rien faire, le curateur ne peut le forcer à agir, ni agir à sa place. Du reste, ce système est moins dangereux qu'on ne pourrait le croire au premier abord, car la prescription ne court point contre les mineurs (art. 2252), et il ne peut seul ni recevoir un capital mobilier, ni plaider en matière immobilière, ou relativement à ses capitaux : le mineur est donc ainsi, quant aux points les plus importants, garanti contre lui-même.

(1) Orléans, 15 mai 1847.

130. Mais lorsqu'il s'agit de défendre à une action intentée contre le mineur, les principes ne sont plus les mêmes. Il a été jugé en effet, en matière d'interdiction, que le conseil judiciaire avait le droit de défendre à toutes les actions intentées contre le prodigue.

Malgré les conclusions contraires de M. l'avocat général Hello, la cour de cassation le décida ainsi en disant quelque part, au cours de son arrêt : « Si le conseil judiciaire ne peut agir seul, à l'insu et en l'absence du prodigue, il est partie nécessaire pour répondre à toutes les actions intentées contre celui-ci..... (1). » Cette décision est parfaitement applicable au curateur du mineur émancipé.

131. Voyons maintenant les différents cas dans lesquels l'assistance du curateur est nécessaire, mais aussi suffisante à l'émancipé.

I. Le premier concerne le compte de tutelle qui, aux termes de l'art. 480, sera rendu au mineur, assisté de son curateur. Comme ce texte n'impose aucune autre condition, ce compte pourra être rendu à l'amiable et, sans l'intervention de la justice. Il est impossible d'admettre l'avis de Toullier, qui exige l'intervention du conseil de famille, l'homologation du tribunal et l'avis préalable de trois jurisconsultes, sous prétexte que ce compte est une véritable transaction, soumise par conséquent à l'art. 467. Mais c'est une confusion évidente : car le cas de reddition de compte est régi spécialement par l'art. 480, et, en l'absence de cet article,

_____

(1) C. cass., 8 déc. 1841.

9

la disposition qui permet à l'émancipé de recevoir un capital avec la seule assistance du curateur suffirait pour écarter l'application de l'art. 467.

132. II. L'assistance du curateur est indispensable pour permettre au mineur de recevoir un capital, alors même qu'il proviendrait de ses économies, et en donner décharge. Ces mots de l'art. 482, « capital mobilier, » ne se comprennent guère sous l'empire de notre droit moderne, à moins qu'on ne se rappelle cependant que, lors de la rédaction de cette partie du Code, l'art. 529 n'était pas encore écrit, et qu'on ne savait pas alors si l'on apporterait en cette matière des changements à l'ancien droit. Du reste, il est encore des capitaux qu'on peut immobiliser : telles sont les actions de la Banque de France (art. 2 et 3 des décrets des 16 janvier et 1er mars 1808), auxquelles, dès lors, peut s'appliquer l'art. 484. Quant au mot *capital,* il faut entendre par là toute somme qui n'est ni due ni payée à titre d'intérêts, d'arrérages, de fruits ou de jouissance.

Le curateur doit surveiller l'emploi du capital reçu, et il est responsable des suites de sa négligence à cet égard (1). Cette surveillance est en général fort difficile, et constitue une lourde charge pour le curateur. Aussi ferait-il sagement de ne consentir ni à signer ni à délivrer la quittance au débiteur, tant que les fonds n'auront pas été utilisés ou déposés chez un notaire ou à la caisse des dépôts et consignations, en attendant un placement avantageux.

(1) *Contra,* Toullier, t. II, n° 1297.

133. III. Aux termes de la loi du 24 avril 1806, l'assistance du curateur suffit à l'émancipé pour qu'il puisse opérer le transfert de ses rentes sur l'État, lorsqu'elles n'excèdent pas 50 francs. Et le décret du 25 septembre 1813 applique la même décision aux actions ou portions d'actions de la Banque de France.

134. IV. L'émancipé ne peut accepter une donation entre-vifs qu'avec l'assistance de son curateur. Mais, par une disposition remarquable, l'art. 935 permet à un ascendant quelconque d'accepter pour l'émancipé.

135. V. L'assistance du curateur est indispensable pour intenter une action immobilière et pour y défendre (1). Mais cette assistance ne suffit plus lorsqu'il s'agit d'acquiescer à une demande immobilière, car l'acquiescement est une véritable aliénation.

L'émancipé devrait également être assisté de son curateur pour poursuivre l'expropriation forcée des immeubles de son débiteur, et pour consentir à ce que cette saisie immobilière fût convertie en vente volontaire (2).

136. VI. L'art. 840 exige la même condition pour que l'émancipé puisse provoquer un partage judiciaire, ou répondre à une demande en partage formée contre lui ; l'assistance du curateur devra être requise, alors même que la masse ne se compose que de biens meubles ; car le principe est général, et le partage est tou-

---

(1) La femme mineure autorisée par son mari n'a pas besoin d'un curateur *ad hoc* nommé par le conseil de famille pour exercer une action immobilière. C'est ce qui a été jugé par la cour de Pau (11 mars 1811). Le mari est, en effet, son curateur légal.

(2) Art. 744, C. proc. civ.

jours un des actes les plus graves, à raison des capitaux et des universalités de meubles qu'il peut avoir pour objet.

Nous pensons que l'assistance d'un curateur *ad hoc* suffit à la femme mineure pour provoquer le partage de la communauté ou la restitution des biens dotaux (art. 1443, 1531, 1563), après qu'elle a intenté une demande en séparation de biens contre son mari (1). On peut objecter, il est vrai, que la conséquence d'un pareil partage est la dissolution des conventions matrimoniales, chose fort grave, et qui exigerait peut-être l'intervention du conseil de famille. Mais, jusqu'à un certain point, cette autorisation est remplacée par l'obligation où se trouve la femme de s'adresser au président du tribunal pour obtenir l'autorisation préalable.

137. VII. Que déciderons-nous pour les questions d'État? Le Code a gardé sur ce point le silence le plus complet, et la jurisprudence a souvent varié. Certains arrêts ont déclaré que l'assistance du curateur n'était pas nécessaire pour une demande en séparation de corps (2); d'autres, au contraire, ont été jusqu'à exiger l'autorisation du conseil de famille pour l'introduction d'une instance en nullité de mariage (3).

Parmi les opinions qui divisent les auteurs, nous préférons celle qui exige l'assistance du curateur sans autres formalités. En effet, il est conforme à l'esprit général du Code d'assimiler les actions d'État aux ac-

(1) Zachariæ, t. I, p. 207; Vazeille, *Mariage*, t. II, n° 350.
(2) C. cass., 1er juil. 1806.
(3) Turin, 11 juil. 1807.

tions immobilières, surtout à cause de leur importance. On nous objectera, il est vrai, que nous sommes
ici en présence d'actions éminemment personnelles, et
pour l'exercice desquelles la liberté du mineur doit
être entière, sous peine de voir compromis son honneur et sa dignité. Mais comme le droit de les intenter
appartient exclusivement au mineur, et que le seul
rôle du curateur est de l'assister dans la procédure,
les légitimes susceptibilités de l'émancipé se trouvent
sauvegardées, et l'intervention du curateur ne peut que
lui être utile pour le guider dans la direction d'un
procès où ses passions seront souvent en jeu. C'est
aussi l'avis de M. Demolombe et de Zachariæ (1).

§ III. — *Actes pour lesquels l'autorisation du conseil
de famille est nécessaire.*

138. Les actes pour lesquels l'émancipé a besoin
d'obtenir préalablement l'autorisation de son conseil
de famille sont les suivants :

I. Vente d'une inscription de rente sur l'État ou
d'une action de la Banque de France au-dessus de
50 francs (2).

139. II. Acquiescement à une demande immobilière.
Cela résulte de l'art. 464 combiné avec l'art. 484, qui
exige du mineur émancipé les mêmes conditions que
du mineur non émancipé, lorsqu'il s'agit d'actes
autres que ceux de pure administration.

(1) Demolombe, t. VIII ; Zachariæ, t. I, p. 266.
(2) Loi du 24 mars 1806.

140. III. Acceptation ou répudiation d'une succession. Cela résulte de la combinaison du même art. 484 avec l'art. 461 ; en tout cas, l'acceptation n'a lieu que sous bénéfice d'inventaire.

141. Relativement à cette classe d'actes et à la suivante, on a contesté que l'assistance du curateur fût nécessaire à l'émancipé. MM. Aubry et Rau le décident ainsi, en se fondant sur l'historique de la rédaction de l'art. 484 : tel qu'il avait été proposé par le Tribunat, il exigeait formellement l'assistance du curateur, et la suppression de cette condition dans le texte définitif paraît à ces auteurs la preuve que les rédacteurs n'ont plus entendu l'exiger.

Il semble cependant arbitraire de tirer une conséquence aussi grave de la suppression de quelques mots faite sans explication. En outre, il paraît naturel d'exiger d'autant plus impérieusement l'assistance du curateur que les actes accomplis par le mineur sont plus importants, et l'esprit de la loi s'oppose évidemment à ce qu'on supprime une garantie qui n'en est pas moins utile, parce que l'autorisation du conseil de famille ou l'homologation du tribunal a été exigée par le législateur.

§ IV. —*Actes soumis à l'homologation du tribunal.*

142. Nous sommes ici en présence d'actes d'une telle importance qu'ils ont le plus souvent, soit en bien, soit en mal, une grande influence sur l'avenir du mineur qui les accomplit. Aussi la loi n'exige plus seulement l'assistance du curateur et l'autorisation du

conseil de famille, elle veut encore que le tribunal prenne connaissance du contrat, et qu'il donne son homologation après avoir entendu le ministère public, absolument comme si le mineur n'était pas émancipé.

143. I. Ainsi, aux termes de l'art. 483, il ne peut « emprunter, sous aucun prétexte, » sans une délibération du conseil de famille homologuée par le tribunal, le ministère public entendu. La loi s'est efforcée d'interdire complétement les prêts, ce fléau de l'inex·périence, qui ne doivent pas exister pour le mineur même émancipé, selon les expressions de l'orateur du gouvernement; elle a rejeté par là un article du projet qui permettait à l'émancipé d'emprunter jusqu'à concurrence d'une année de ses revenus (1).

144. A première vue, il semble extraordinaire que le législateur ait pris la peine de consacrer un article tout entier à cette prohibition de faire un emprunt, au lieu de la réunir à celle de vendre et d'aliéner contenue dans l'art. 484, ainsi qu'il avait déjà fait lors de la rédaction de l'art 457. Mais on peut donner de ce fait une explication historique : l'art. 94 du projet n'ordonnait toutes ces formalités que lorsqu'il s'agissait d'un emprunt ; et comme on aurait pu conclure de là qu'elles étaient inutiles pour accomplir beaucoup d'autres actes d'une grande importance, sur la demande du Tribunat, on écrivit l'art. 484, sans s'a-

(1) La jurisprudence, du reste, est unanime en ce sens. — L'émancipé ne peut donc jamais emprunter seul, pas même pour subvenir à ses dépenses d'administration; et on devrait annuler toutes les conventions ou combinaisons indirectes sous lesquelles il aurait cherché à déguiser un emprunt, ainsi que le cautionnement par lequel il se porterait garant de la dette d'un tiers.

percevoir qu'il comprenait l'emprunt dans ses termes généraux, tout en laissant subsister l'art. 483.

145. La loi ne répète plus ici, comme dans l'art. 457, qu'il n'est permis au mineur d'emprunter qu'au cas de nécessité absolue : d'où certains auteurs ont conclu qu'un avantage probable était suffisant pour rendre possible un emprunt (1). Bien que cette opinion soit habilement combattue par M. Demolombe (2), nous ne l'en adopterons pas moins : l'émancipation vient, en effet, apporter au mineur une certaine liberté que la doctrine du savant professeur a pour résultat de faire disparaître. L'art. 483, du reste, entoure l'emprunt d'une foule de garanties, de précautions qui permettent au mineur d'en user sans danger. C'est aussi l'opinion de Duranton et de Zachariae.

146. II. Il faut encore une autorisation du conseil de famille homologuée par le tribunal pour que le mineur puisse aliéner un immeuble. La règle est générale, et il faudrait l'appliquer même au cas où cet immeuble aurait été acheté antérieurement avec les économies faites par l'émancipé. Il importe, avant tout, de lui conserver son patrimoine immobilier, quelle qu'en soit l'origine (3).

147. III. L'art. 484 est encore applicable au cas où l'émancipé hypothèque ses biens à la sûreté d'une obligation par lui contractée. Il faut également appliquer cette règle à l'antichrèse qui confère au créancier

(1) Toullier, t. II, n° 1298.
(2) T. VIII.
(3) Toullier veut cependant faire une distinction entre ces deux cas, mais son opinion est formellement combattue par son annotateur Duvergier.

un vrai droit réel sur l'immeuble et que la loi du
23 mars 1855 soumet à la transcription.

148. A ce principe, que personne ne conteste, certains auteurs apportent une exception importante en
prétendant que le mineur émancipé peut conférer une
hypothèque pour la garantie des actes d'administration qu'il lui est permis d'accomplir en dehors des
conditions dont parle l'art. 484. La loi, disent-ils, en
permettant au mineur de s'obliger personnellement,
devait lui permettre en même temps d'offrir, en garantie de ses obligations, ses immeubles aussi bien
que ses meubles (art. 2092); du reste, ajoutent-ils,
accessorium sequitur sortem rei principalis. Enfin, la
loi elle-même fait l'application de ce principe en donnant à l'émancipé commerçant le droit de s'obliger,
et, comme conséquence, celui d'hypothéquer ses immeubles, et les ouvriers ou architectes employés par
l'émancipé acquièrent un privilége sur ses immeubles :
il est donc naturel que des hypothèques puissent aussi
les frapper; et, en effet, aucun article du chapitre *De
l'émancipation* ne les a défendues (1).

149. Ce système est contraire aux textes aussi bien
qu'aux intérêts de l'émancipé. Aux termes de l'article 2124 du Code civil, en effet, l'hypothèque ne
peut être consentie que par celui qui a pouvoir
d'aliéner, et l'art. 484 refuse formellement ce droit à
l'émancipé. En se montrant rigoureuse à cet égard,
la loi a été sage et pleine de prudence, car l'hypothèque contient le germe d'une aliénation; « elle

---

(1) Duranton, t. II, n° 673; Delvincourt, t. III, p. 154; Toullier,
t. II, n° 1293; Zachariæ, t. I, p. 478.

porte le venin à la queue, » disaient nos anciens auteurs. Le législateur, en se servant du mot *aliéner*, et non du mot *vendre* dont le sens est bien plus restreint, a voulu défendre au mineur de consentir, sur les mêmes immeubles qu'il ne peut vendre, des droits susceptibles d'en compromettre la valeur. Du reste, l'art. 2126 dit expressément que les biens des mineurs ne peuvent être hypothéqués que pour les causes et dans les formes établies par la loi, sans distinguer entre les mineurs émancipés et ceux qui ne le sont pas. Quant à l'argument consistant à prétendre que l'hypothèque n'est que l'accessoire de l'obligation, il prouve précisément l'incapacité du mineur, car l'hypothèque n'est que l'accessoire d'une dette que l'article 483 défend à l'émancipé de contracter ; il ne peut donc hypothéquer ses biens pour en garantir le payement, et, à notre tour, nous dirons bien volontiers : *Accessorium sequitur sortem rei principalis.*

'Les auteurs qui soutiennent l'opinion contraire n'hésitent pas à conclure que les biens du mineur, pouvant être grevés d'un privilége ou d'une hypothèque judiciaire, sont suceptibles d'être hypothéqués directement par l'émancipé en garantie de ses engagements. Mais, en raisonnant ainsi, ils oublient que le privilége prend sa source dans la qualité de la créance, que l'hypothèque judiciaire doit son existence au caractère particulier de la décision rendue par les tribunaux, mais que la volonté du mineur n'y est pour rien. Enfin, ce qui prouve que la défense d'hypothéquer est la règle générale, c'est que l'art. 6 du Code de commerce a émis une disposition expresse quand il a voulu y déroger. Ajoutons, en terminant, que le danger que l'hypothèque a pour l'émancipé et l'atteinte qu'elle porte à son crédit justifient encore la généralité de la prohibition édictée par la loi (1).

150. IV. Enfin, l'émancipé ne peut transiger qu'après en avoir obtenu l'autorisation du conseil de famille et pris l'avis de trois jurisconsultes désignés par le ministère public. La transaction doit, en outre, être homologuée par le tribunal.

§ V. — Actes absolument interdits à l'émancipé.

151. Il est des actes qui sont aussi formellement interdits au mineur émancipé qu'au mineur en tutelle, tant qu'il n'a pas atteint sa majorité.

I. Il faut citer en première ligne la donation entre-vifs. Cependant il est admis par tout le monde que l'émancipé peut faire les cadeaux et les petits présents d'usage, qui sont presque un devoir dans l'état de nos mœurs et de nos habitudes.

En outre, le mineur qui se marie peut, par son contrat de mariage, donner totalité ou partie de sa fortune à son futur conjoint, pourvu qu'il ait le consentement des ascendants ou du conseil de famille qui autorisent le mariage.

152. II. L'émancipé qui n'a pas seize ans accomplis ne peut pas faire de testament. Après avoir atteint cet âge, il ne peut disposer par testament que de la

---

(1) Cette opinion a pour défenseurs : Proudhon, t. II; Duvergier, sur Toullier, t. II, n° 2 et n° 1208; Marcadé, t. II, art. 481; Demolombe, t. VIII.

moitié des biens qu'il pourrait léguer s'il était majeur.

153. III. En principe, l'art. 1990 permet de choisir le mineur émancipé pour mandataire ; mais l'art. 1030 défend de le prendre pour exécuteur testamentaire, à cause des difficultés inhérentes à une telle mission et de la responsabilité qui peut en résulter.

154. IV. Enfin, l'émancipé ne peut jamais faire de compromis, c'est-à-dire soumettre à la décision de simples arbitres un différend dans lequel il est intéressé : cela résulte des art. 83-6° et 1004 du Code de procédure civil. Le premier exige que le ministère public soit entendu dans toutes les causes du mineur, et le second défend de compromettre sur aucune des contestations sujettes à communication au ministère public. L'argument est péremptoire et ne nous paraît autoriser aucune exception au principe, si ce n'est pour le cas de compromis relatif à des actes d'administration.

§ VI. — *Sanction de ce système de demi-capacité.*

155. Disons maintenant quelques mots de l'effet des actes du mineur émancipé, et recherchons quelle sanction la loi a mise à ces diverses prescriptions.

En comparant entre elles les dispositions de notre titre et celle des art. 1304-1314, relatives à l'action en rescision des conventions, on arrive à distinguer quatre degrés relativement à l'effet et à la force des actes faits par l'émancipé : les uns sont valables comme s'ils étaient l'œuvre d'un majeur, d'autres sont réductibles en cas d'excès ; d'autres encore sont rescindables pour lésion; enfin, il en est qui sont annulables pour vices de formes.

156. I. Nous rencontrons dans la première catégorie tous les actes de pure administration, à l'exception cependant des obligations personnelles. Ces actes, en effet, remplissent toutes les conditions légales sous le rapport de la forme et de la capacité des parties contractantes, et l'art. 481 déclare formellement que « l'émancipé n'est pas restituable contre ces actes dans tous les cas où le majeur ne le serait pas lui-même. »

157. Les actes passés par le mineur faisant le commerce dans les limites de sa capacité commerciale sont encore parfaitement valables.

158. Nous rangerons aussi dans la première catégorie les actes accomplis par l'émancipé avec l'assistance de son curateur lorsqu'elle est requise, ou bien avec l'autorisation du conseil de famille, homologuée ou non par le tribunal, selon les diverses hypothèses.

159. Quelques auteurs, se fondant sur le principe romain qui donnait au mineur le droit de se faire restituer contre tous les actes par lesquels il était lésé, et qu'ils assurent reproduit par l'art. 1305, ont prétendu que les actes faits par l'émancipé avec toutes les formalités voulues étaient encore rescindables pour cause de lésion. Ils ajoutent que si la règle générale était que l'émancipé n'est jamais restituable contre un acte régulièrement fait par lui, il serait inutile que l'art. 1314 vînt dire spécialement, pour le cas d'aliénation d'immeubles ou de partage de succession, que ces actes seront considérés comme faits en majorité.

— Nous ne pouvons admettre un pareil système, qui aurait pour résultat de nuire de la façon la plus grave au crédit du mineur aussi bien qu'à l'intérêt des tiers, qui se garderaient bien d'entrer en rapport avec l'émancipé, devenu ainsi la victime d'un excès de protection. Quant à l'art. 1305, invoqué à l'appui de l'opinion que nous combattons, il déclare simplement que « la lésion donne lieu à la rescision, en faveur du mineur émancipé, contre toute convention qui excède les bornes de sa capacité. » Or comment est-il possible de considérer comme excédant les bornes de la capacité du mineur des actes qu'il accomplit avec l'assistance de son curateur, avec l'autorisation du conseil de famille et l'homologation du tribunal? Quant à l'argument tiré de l'art. 1314, il est facile de le faire tomber, en rappelant que cet article a eu pour but d'abroger la règle de l'ancien droit, qui déclarait ces aliénations et ces partages rescindables pour lésion ; dès lors, il est impossible d'admettre que le Code ait voulu soumettre à la rescision d'autres actes bien moins graves, quand Pothier l'avait déjà rejetée pour les actes d'administration. Enfin on invoque l'art. 2252, qui interrompt la prescription en faveur du mineur même émancipé, et l'art. 481 du Code de procédure civile, qui lui donne la requête civile lorsqu'il n'a pas été valablement défendu, comme étant des applications de la prétendue règle qui protège les émancipés contre tous les cas de lésion. Mais cet argument n'a aucune force, parce qu'il est impossible d'assimiler les conventions régulières que nous voulons maintenir avec un moyen de procédure telle que la requête civile, ou avec une négligence, comme le défaut d'interruption de prescription. Il faut donc en revenir au grand principe que toute convention légalement faite forme la loi des parties et n'est pas attaquable pour lésion.

160. II. Nous rencontrons ici les actes qui sont simplement susceptibles de réduction. Voici, à cet égard, comment s'exprime l'art. 484 : « A l'égard des obligations qu'il aurait contractées par voie d'achat ou autrement, elles seront réductibles en cas d'excès; les tribunaux prendront, à ce sujet, en considération la fortune du mineur, la bonne ou mauvaise foi des personnes qui auront contracté avec lui, l'utilité ou l'inutilité des dépenses. »

161. Dans cette classe d'actes de pure administration que l'émancipé peut faire seul, il faut ranger les obligations personnelles. Mais, tout en laissant au mineur la liberté d'action nécessaire à l'administration de sa fortune, l'intérêt de l'enfant et la morale publique exigeaient qu'on le protégeât contre ses propres entraînements. Il fallait, en effet, empêcher l'émancipé d'éluder la loi, qui lui défend d'emprunter en achetant des denrées, des meubles, des vêtements, des chevaux, et autres objets de luxe, bien au-delà de ses besoins, et qu'il aurait revendus à vil prix le lendemain. Il y a aussi une indélicatesse qui frise de bien près le dol dans la conduite de ceux qui profitent ainsi de l'inexpérience d'un enfant et de son besoin d'argent, et la réduction des engagements pris à leur égard n'est certes pas une punition trop sévère.

162. III. Il faut comprendre dans cette catégorie les actes rescindables pour cause de lésion. Ils ne sont

plus seulement réductibles, mais complétement annulables, lorsqu'ils sont contraires à l'intérêt de l'émancipé et lui causent un préjudice. L'art. 1305 définit
ainsi les actes rescindables : « La simple lésion donne
lieu à rescision, en faveur du mineur émancipé, contre
toute convention qui excède les bornes de sa capacité,
ainsi qu'elle est déterminée au titre *De la minorité, de
la tutelle et de l'émancipation.* » Les actes dont parle
cet article sont donc ceux pour lesquels l'assistance
du curateur était nécessaire mais suffisante ; si l'émancipé les a faits seul, il a excédé les limites de sa capacité, et il pourra en demander la nullité en prouvant
qu'ils lui causent un préjudice : il y aura rescision du
contrat pour lésion.

163. IV. Dans cette dernière classe d'actes, nous
rangerons ceux dont la loi a soumis la validité à l'accomplissement de certaines formalités, à défaut desquelles ils sont annulables indépendamment de toute
lésion. Si, par exemple, le mineur a accepté une succession sans consulter le conseil de famille, s'il a vendu
ou hypothéqué un immeuble sans demander l'homologation du tribunal, ces divers actes sont nuls en la
forme.

164. Certains auteurs ont confondu en une seule
classe les deux catégories d'actes dont nous venons de
parler, et ils considèrent seulement comme rescindables pour lésion les actes faits par l'émancipé sans
les formalités légales. Ils comprennent, en conséquence, sous la formule de l'art. 1305, les ventes d'immeubles, constitutions d'hypothèques et autres actes
analogues. Mais, en consacrant plusieurs articles spé-

ciaux aux formalités exigées pour les contrats les plus importants, le Code nous fait clairement voir qu'il désire beaucoup leur accomplissement, et qu'il ne confond pas la simple assistance du curateur avec les formes spéciales prescrites pour la validité d'autres actes. Du reste, la distinction des actes nuls en la forme et de ceux à l'égard desquels l'émancipé est sujet à restitution est textuellement écrite dans l'art. 1311 ; et il est d'autant plus certain que le législateur a voulu la conserver, que déjà, dans notre ancien droit, Domat déclarait nulles en la forme lès ventes d'immeubles faites par l'émancipé, et que notre Code n'a nullement songé à diminuer la protection accordée autrefois à tous les mineurs.

III.

165. Nous voici arrivés à l'examen d'une question nouvelle : droit du mineur émancipé de se livrer à des actes de commerce. Cette faculté lui est accordée par l'art. 487 du Code civil, et nous trouvons l'énumération des conditions auxquelles elle est soumise dans l'art. 2 du Code de commerce.

166. Dans l'ancien droit, nous voyons, en cette matière, à peu de chose près, l'application des mêmes principes, et le Code civil s'était inspiré de l'ordonnance de 1673 ; mais il avait restreint cette faculté au mineur émancipé. Le projet du Code de commerce consacrait la même règle ; mais elle fut critiquée par

les tribunaux appelés à émettre leur avis, et quelques-uns contestèrent même l'utilité d'autoriser les mineurs à faire le commerce sous une législation qui fixait la majorité à vingt et un ans (1). Il était des cas, cependant, où l'intérêt du mineur lui-même exigeait que le commerce ne lui fût pas interdit; et comme ces cas ne pouvaient être prévus à l'avance, il devenait indispensable de conserver l'art. 487 du Code civil. Du reste, dans la pratique, la faculté accordée au mineur de faire le commerce est beaucoup moins dangereuse qu'on ne pourrait le croire. En effet, comme l'a si justement dit M. Cretet: « Quelque capital qu'un adolescent apporte dans le commerce, jamais, s'il opère seul, il n'obtiendra de crédit: sa trop grande jeunesse éloigne la confiance. On ne peut donc faire réellement le commerce à cet âge qu'autant qu'on est associé avec un ancien négociant, ou qu'on épouse une veuve, ou qu'on succède à son père. C'est ainsi que, par le fait, l'article qui autorise le mineur à s'établir à dix-huit ans se trouve réduit aux seules hypothèses auxquelles il soit utile de l'appliquer. »

167. Mais, tout en permettant d'une manière géné-

(1) Dans l'ancien droit, la majorité était fixée à vingt-cinq ans, et, dans tous les pays où il existait des maîtrises, le mineur ne pouvait être reçu maître qu'à vingt ans. Mais aussitôt sa réception, il était considéré comme majeur pour tous les actes relatifs à son commerce. Dans tous les pays où il n'existait pas de maîtrises, il suffisait que le mineur de vingt ans exerçât le commerce sans opposition de la part de ses parents. Dans ce cas, il ne pouvait plus invoquer sa minorité pour se faire restituer contre ses engagements (Ordonn. 1673, art. 1 et 2. — Savary, *Parfait Négociant*, t. 1, p. 266). Vint une époque où disparurent les maîtrises, mais on n'en continua pas moins à considérer comme capable le mineur commerçant quant à ses engagements commerciaux.

rale à l'émancipé de faire le commerce, il fallait prévoir et prévenir des abus possibles; aussi exigea-t-on
que le mineur non-seulement fût préalablement émancipé, mais encore qu'il remplît plusieurs conditions
spéciales. Ces précautions étaient d'autant plus utiles
que le mineur a besoin, pour entreprendre des opérations commerciales, d'une capacité plus étendue que
celle que l'émancipation peut lui apporter; et il fallait multiplier les garanties à mesure qu'on accordait
des pouvoirs plus grands à l'émancipé et qu'on lui
laissait la liberté de compromettre sa fortune et sa
réputation.

168. Trois conditions sont exigées du mineur émancipé (1) pour qu'il puisse embrasser la profession de
commerçant, ou même pour qu'il lui soit permis de
faire seulement des actes isolés de commerce. Ces
conditions sont énumérées dans l'art. 2 du Code de
commerce:

1° Il doit être âgé de dix-huit ans accomplis. Parfois un mineur peut être émancipé dès l'âge de quinze
ans; mais alors on ne peut pas l'autoriser à faire le
commerce.

169. 2° Il doit être spécialement autorisé, à cet effet,
par son père, ou par sa mère en cas de décès, d'interdiction ou d'absence du père. A défaut du père et
de la mère, l'autorisation serait donnée par le conseil
de famille, dont la délibération devrait être soumise à

(1) L'émancipation préalable doit être expresse, en ce sens qu'il
ne suffirait pas que le mineur fût simplement autorisé par le père
ou le conseil de famille à faire le commerce. Mais il n'est nullement nécessaire que l'émancipation ait été accordée en vue d'un
négoce à faire; celle qui résulte du mariage suffit parfaitement.

l'homologation du tribunal civil. Cette autorisation
doit être écrite, et un simple consentement oral ne
suffirait pas. Malgré que certains auteurs aient soutenu le contraire, nous pensons que, pour être expresse,
l'autorisation doit résulter d'un acte notarié ou du
procès-verbal du juge de paix constatant l'émancipation ; un acte sous seing privé ne suffirait donc
pas (1).

170. La question de savoir si un père destitué de la
tutelle, ou une mère qui l'a perdue en se remariant, a
conservé le droit d'habiliter son fils à faire le commerce, est assez controversée. M. Molinier (2) soutient la négative ; « car, dit-il, dans de pareilles circonstances, les père et mère pourraient bien dissoudre
par l'émancipation les liens encore existants de la
puissance paternelle, mais ils ne sauraient conférer au
mineur dont ils n'administrent plus les biens la capacité de faire le commerce, qui nécessite celle de s'engager et d'aliéner. Le conseil de famille serait appelé
à donner son autorisation. » Bien que les raisons
invoquées par cet auteur à l'appui de son opinion
aient une certaine valeur, nous préférons accorder à ces
père et mère le droit d'autoriser leur enfant à se faire
négociant : l'art. 2 du Code de commerce ne parle,
en effet, du conseil de famille *qu'à défaut du père et
de la mère.*

171. Lorsque l'autorisation émane des parents du
mineur, elle se suffit à elle-même, et l'intervention
du tribunal est tout à fait inutile ; quand, au con-

(1) Pardessus, n° 57.
(2) T. I, p. 126.

traire, elle est accordée par le conseil de famille,
l'homologation de la justice est exigée, car on ne
rencontre plus, dans ce cas, les mêmes garanties de
sollicitude et de prudence. Les juges sont alors chargés
d'examiner si la délibération du conseil a été prise
régulièrement, et si elle est conforme aux véritables
intérêts du mineur.

172. L'autorisation peut être conçue en termes
généraux, de façon à ne point apporter de limites à la
liberté de l'émancipé ; mais il est loisible à celui de
qui elle émane d'en restreindre les effets, en détermi-
nant le genre de négoce qu'il entend autoriser (1).

173. 3° Enfin, l'acte d'autorisation doit être enre-
gistré au greffe, et affiché dans l'auditoire du tribunal
de commerce du lieu où l'émancipé veut établir son
domicile, et, s'il n'en existe point, les mêmes formalités
seront accomplies au greffe du tribunal civil.

174. Toutes ces conditions sont exigées, à peine de
nullité. L'émancipé qui ne les aurait pas remplies
préalablement aurait beau faire des actes de commerce, il ne serait pas commerçant : il n'aurait que la
capacité civile de l'émancipé ordinaire, et aucune des
dispositions du Code de commerce ne lui serait applicable (2).

(1) Toullier, t. II, n° 1202.
(2) Nous repousserons donc sans hésitation l'opinion de M. Pardessus, qui pense que le mineur autorisé à faire le commerce sans
avoir été émancipé préalablement, et qui publie cette autorisation
en y introduisant une fausse mention d'émancipation, est lié
envers ceux avec lesquels il a contracté. Les art. 487 du Code civil
et 2 du Code de commerce sont, en effet, trop clairs et trop exprès
pour qu'on puisse admettre cette manière de voir : tous deux
exigent, en effet, que le mineur soit émancipé avant de pouvoir

Au contraire, l'émancipé qui a satisfait à toutes les conditions énoncées acquiert non-seulement la qualité de commerçant, mais encore une capacité et des droits nouveaux : « Il est réputé majeur pour les faits relatifs à son commerce, » en vertu de l'art. 487 du Code civil ; par conséquent, il peut faire seul tous les actes qui se rapportent au genre de négoce qu'il a été autorisé à embrasser, et cela sans être assisté de son curateur, ni avoir à consulter jamais son conseil de famille. Ainsi il a le droit de vendre, d'acheter, d'emprunter, de plaider, de compromettre, de transiger, et même d'engager ou d'hypothéquer ses immeubles pour sûreté de ses obligations commerciales, afin de se procurer l'argent et le crédit dont il a besoin. L'art. 6 du Code de commerce ne met qu'une restriction à ses pouvoirs : pour aliéner ses immeubles, il lui faut observer toutes les formalités imposées à l'émancipé non commerçant ; néanmoins ses créanciers commerciaux peuvent faire saisir et vendre ses immeubles, sans être même obligés de discuter préalablement son mobilier, parce qu'il est réputé majeur à leur égard (1). De même, la prescription court contre lui pour toutes les obligations et les faits relatifs à son négoce. Enfin, l'art. 1308 du Code civil déclare qu'il n'est jamais

faire aucun acte de commerce. Ce n'est là, du reste, que l'application faite aux tiers de ce principe, que nul n'est censé ignorer la condition de celui avec lequel il traite. Aussi a-t-il été jugé que le mineur qui a fait des actes de commerce et qui finit par cesser ses payements ne peut pas être déclaré banqueroutier simple ou frauduleux si les formalités exigées par la loi n'ont pas été observées (Crim. cass., 2 déc. 1826).

(1) Autrefois il était même soumis à la contrainte par corps, qu'est venue supprimer la loi des 15 avril-22 juillet 1867.

restituable contre les engagements qu'il a pris à raison de son commerce, disposition qui s'applique également au mineur artisan, relativement aux engagements pris à raison de son art, et bien qu'il ne soit
pas commerçant.

175. Cette capacité extraordinaire du mineur émancipé ne s'applique qu'à ses actes commerciaux (1) ; le
droit commun le régit pour tous les actes purement
civils. Majeur relativement aux premiers, il n'est que
mineur émancipé en ce qui concerne les seconds ; il y
a donc pour les personnes qui contractent avec lui un
grand intérêt à savoir s'il fait un acte relatif ou non à
son commerce. Aucun doute n'est possible lorsqu'il
s'agit d'un acte commercial par sa nature, comme une
lettre de change. Il ne saurait non plus y avoir de
difficultés lorsqu'en traitant, l'émancipé a déclaré que
l'acte concernait son négoce ; mais lorsqu'il a souscrit des billets sans énoncer si c'est pour les besoins
de son commerce, doivent-ils être présumés faits dans
ce but ? La question est fort controversée, et de bons
arguments ont été fournis pour la négative aussi bien
que pour l'affirmative. Certains auteurs décident qu'en
général, lorsque la cause de l'obligation du mineur
n'est pas exprimée, il ne faut pas présumer de plein
droit l'engagement commercial ; et si on leur oppose
l'art. 638 du Code de commerce, d'après lequel « les
billets souscrits par un commerçant sont censés faits
pour son commerce, » ils répondent que les pré-

(1) Ainsi l'achat qu'il ferait d'une maison, même destinée à être
le siége de son commerce, serait soumis aux règles de droit commun.

somptions légales ne peuvent être étendues d'un cas à un autre : or l'art. 638, qui suppose un billet souscrit par un commerçant majeur, et par conséquent toujours capable, n'a eu pour but que de résoudre une question de compétence, tandis que, dans le cas d'un billet souscrit par un émancipé, qui est capable seulement à l'égard des actes commerciaux, il s'agit d'une question de validité d'obligation ; il est donc impossible d'appliquer l'art. 638 (1).

Malgré la force et la valeur réelles de cette argumentation, nous préférons appliquer au mineur commerçant la présomption écrite dans l'art. 638 du Code de commerce, toutes les fois qu'elle ne se trouvera pas démentie par la nature même des engagements souscrits par lui, ou par les énonciations contenues dans les actes qui les constatent (2). Il faut donc considérer comme faits pour le commerce de l'émancipé tous les billets, sans distinction, souscrits par lui, et même les actes notariés portant obligations de sommes et autres actes analogues ; car lorsqu'un commerçant se procure de l'argent, la présomption naturelle est qu'il en a besoin pour son négoce ; pour lui, le droit commun, l'occupation ordinaire, la profession publique, est de faire des opérations commerciales ; le tiers qui contracte avec lui a dû le croire ainsi, et les habitudes du commerce, non plus que la confiance réciproque qu'il exige, ne permettent pas à chaque partie de rechercher

---

(1) Pardessus, n° 62; Bravard, p. 17.
(2) MM. Delvincourt (*Instit. de droit com.*, t. II, p. 4) note 3 de la page 3) et Molinier (2ᵉ édit., t. I, n° 179) se sont faits les défenseurs de ce dernier système.

minutieusement le but de chacun des actes faits avec d'autres négociants. C'est donc se fonder sur l'ordre naturel des choses, et non pas sur l'exception, que de présumer la commercialité des actes de l'émancipé commerçant.

176. On s'est demandé si le mineur autorisé à faire le commerce a, par le seul fait de cette autorisation, le droit de former une société commerciale avec un tiers. La question est fort controversée. Un arrêt de la cour de cassation du 11 août 1828 s'est prononcé pour l'affirmative, que soutient aussi M. Molinier (1). Mais l'opinion contraire compte bien plus de partisans et nous paraît préférable à tous égards. La capacité du mineur, en effet, est exceptionnelle ; il vaut donc mieux la restreindre que l'étendre. La loi attache une grande importance à l'autorisation des parents, et elle prend des précautions pour qu'elle ne soit pas donnée à la légère ; l'art. 3 C. com. l'exige, lors même que l'émancipé ne veut faire que quelques actes de commerce isolés, et l'art. 487 C. civ. répute l'émancipé majeur, non pas pour tous les actes commerciaux en général, mais seulement pour la branche de commerce qu'il a choisie. Or ce serait aller contre l'esprit et les vues de la loi que d'accorder à l'émancipé, présumé capable de faire un commerce spécial et limité, la faculté de prendre des associés. Lorsqu'un père autorise son fils à faire le négoce, c'est qu'il lui reconnaît une certaine intelligence, et qu'il s'en rapporte à sa prudence. Mais qu'un tiers vienne s'associer au com-

(1) T. I, n° 155, p. 132.

merce du mineur, lui imposer ses idées, lui inculquer de nouveaux principes, alors la situation est changée, le père voit ses projets renversés, son fils entraîné dans une voie dangereuse peut-être pour son avenir ; et il est bien évident que tout cela ne pouvait entrer dans les prévisions des parents lorsqu'ils accordèrent leur autorisation (1).

177. Nous déciderons encore que le mineur ne peut cautionner le tiers associé avec lui. Il n'a le droit, en effet, de s'obliger que pour les besoins de son commerce, auquel le cautionnement n'est nullement relatif dans de semblables conditions. Du reste, c'était ainsi qu'on décidait la question dans l'ancien droit, et Jousse nous dit à cet égard : « Un mineur banquier ou marchand qui se serait rendu caution ou certificateur pour raison d'une dette étrangère à son commerce pourrait se faire restituer contre un pareil engagement. »

(1) Demolombe ; Bravard, *Traité des sociétés commerciales*, p. 1 et suiv.

TROISIÈME PARTIE

RÉVOCATION DE L'ÉMANCIPATION.

I.—Révocation de l'émancipation dans le droit ancien.
II.—Révocation de l'émancipation dans le droit moderne.

I.

178. En principe, dans l'ancien droit, l'émancipation était irrévocable, de quelque manière qu'elle eût eu lieu. « Le mariage, dit Meslé, fait cesser la tutelle d'une façon aussi parfaite que les lettres du prince, puisque, quand le mariage vient à se dissoudre par la mort d'un des conjoints, le survivant reste toujours émancipé. »

179. Cependant l'émancipation pouvait cesser d'avoir son effet par suite de plusieurs causes exceptionnelles. L'émancipé pouvait d'abord être remis en tutelle par voie d'appel de la sentence d'émancipation, quand un arrêt du juge supérieur infirmait le jugement d'entérinement des lettres de bénéfice d'âge.

Il en était de même lorsqu'une sentence d'interdiction était prononcée contre l'émancipé.

Enfin, si le mineur émancipé administrait mal son patrimoine ou avait une mauvaise conduite, le juge pouvait, après avis de ses parents, lui ôter l'administration de ses biens et la confier au curateur, qui devenait désormais comptable de sa gestion. Du reste, notre ancienne jurisprudence n'avait pas de règles bien déterminées sur ce point, et une grande latitude d'appréciation était laissée aux magistrats.

II.

180. En règle générale, l'émancipation subsiste et conserve ses effets tant que le mineur n'a pas atteint sa majorité. Mais il peut arriver quelquefois que l'enfant, trompant toutes les espérances qu'on avait pu fonder sur sa maturité d'esprit et son intelligence, ne se fasse remarquer que par son incurie et sa prodigalité. Le législateur, toujours sage et prudent, n'a pas voulu que cette liberté, accordée à l'enfant dans son seul intérêt, devînt pour lui une cause de perte et une source de déboires ; et en leur permettant de s'opposer à la ruine et au malheur de l'émancipé, il a évité aux parents le perpétuel remords d'y avoir contribué, non pas seulement par une condescendance exagérée, mais, plus souvent encore, par trop de légèreté et d'irréflexion. Il a donc permis de priver de l'émancipation celui qui s'en est rendu indigne, et, par cette sanction énergique, il a assuré l'efficacité de l'institution elle-même (1).

(1) En effet, ainsi que le disait avec tant de vérité M. Berlier :
« Par suite de la révocabilité, l'émancipation acquiert un degré

Nous allons rechercher quelles sont les conditions de cette révocation, ses formes et ses effets.

§ I. — *Conditions de la révocation.*

181. Pour que le bénéfice de l'émancipation puisse être retiré au mineur qui en abuse, il faut, nous dit l'art. 485, qui nous renvoie à l'art. 484, que ses engagements aient été réduits pour excès. Mais ici se pose la question de savoir s'il suffit, pour en arriver à ce résultat, que ses engagements aient été déclarés excessifs par décision judiciaire, ou s'il faut qu'ils aient été soumis à une réduction, pour que l'émancipation puisse être retirée au mineur. Si l'on s'en tenait à la lettre même de l'art. 485, la condition *sine qua non* de la révocation serait l'existence d'un jugement prononçant la réduction de quelques engagements excessifs contractés par l'émancipé. Mais la demande de révocation doit pouvoir également se fonder sur toute décision judiciaire qui aurait constaté la mauvaise gestion de l'émancipé et reconnu ses obligations exagérées et réductibles, sans cependant en prononcer la réduction. Ce qu'il est, en effet, important de considérer, ce n'est pas tant la réduction des engagements excessifs que leur excès même. Le plus souvent, quand le tribunal ne prononce pas la réduction, c'est qu'il prend en considération la bonne foi des tiers qui se

d'utilité immense ; ce sera un stage pour la jeunesse ; l'émancipé craindra d'en perdre le bénéfice, et, averti que son sort dépend de sa conduite, il contractera dès le commencement de sa carrière civile les bonnes habitudes qui doivent avoir une si heureuse influence sur le reste de sa vie. »

sont laissé tromper par les supercheries et les fraudes pratiquées par le mineur dans le but de les amener à contracter avec lui. L'émancipé, dans ce cas, ne doit donc pas être admis à se prévaloir de ce que ses engagements n'ont pas été effectivement réduits (1).

182. L'émancipé qui a contracté des engagements excessifs peut en demander lui-même la réduction, parce qu'il est capable d'agir en justice; mais ce droit n'appartient-il qu'à lui, ou existe-t-il d'autres personnes pouvant l'exercer en son lieu et place? Sur ce point encore, les auteurs ne sont pas d'accord : les uns ne donnent ce droit qu'au mineur, à l'exclusion de tous autres, sous prétexte que, tout étant de rigueur dans les lois qui régissent les individus, on ne peut suppléer au silence que la loi garde en cette matière. Quant à nous, nous croyons qu'ici comme partout il faut s'inspirer des intentions du législateur, qui nous sont révélées par l'ensemble de son œuvre. Et en vertu de cette idée, nous reconnaîtrons au père de l'émancipé, ou à sa mère, ou à son conseil de famille, suivant les hypothèses, la faculté de demander la réduction des engagements excessifs. Cette demande est, en effet, un acte préliminaire, et indispensable à la révocation de l'émancipation; et puisque c'est aux parents que la loi accorde le droit absolu de révoquer cette émancipation, malgré le silence et même la résistance du mineur, il est donc de toute nécessité de les mettre à même d'user de cette faculté; car, ainsi que le dit si justement M. Demolombe, « qui veut la fin

(1) Delvincourt, t. 1, p. 126, note 8; Zachariæ, t. I, p. 206; Marcadé, t. II, art. 485, n° 1; Demolombe, t. VIII.

veut les moyens. » Ajoutons que bien des motifs viendraient empêcher le mineur de former une demande
en réduction de ses engagements : l'amour-propre, un
point d'honneur exagéré, et surtout la crainte de
retomber en puissance paternelle ou tutélaire, seraient
autant d'obstacles à l'introduction d'une pareille instance en justice. Il est donc impossible d'admettre que
la loi n'ait permis qu'à l'émancipé de diriger une
action contre lui-même. Une pareille hypothèse ré-
pugne trop à la raison pour que nous croyions nécessaire d'insister plus longtemps (1).

Mais, parmi les personnes qui ont le droit de demander aux tribunaux la révocation de l'émancipation,
nous ne comprendrons pas le curateur, dont le rôle
se borne à une simple assistance pour le cas d'actions immobilières, mais qui n'a nullement qualité
pour remettre le mineur en tutelle.

(1) Si les partisans de l'opinion contraire se retranchaient dans
le principe général que les actions en nullité ou en rescision établies en faveur des incapables n'appartiennent qu'à eux, il serait
permis de répondre que ces actions ont toujours pour but unique
la protection des incapables et pour résultat l'annulation complète des actes irréguliers. Bien différente est l'action en réduction :
elle n'amène la nullité d'aucun acte, et, loin d'être établie uniquement dans l'intérêt de l'émancipé, elle tient compte de la bonne
foi de ceux qui ont contracté avec lui, et devient un moyen indi-
rect de le punir de ses prodigalités. Lors donc que les art. 484 et
485 s'abstiennent de dire à qui cette action appartient, ne vaut-il
pas mieux, au lieu de l'assimiler complétement à l'action en nullité, dont elle est si différente, lui appliquer les principes généraux
qui, sans violer le texte de la loi, arrivent à produire le résultat
qu'elle s'est certainement proposé. Par conséquent, le père, la
mère ou le conseil de famille peuvent prononcer la révocation
après avoir prouvé eux-mêmes en justice que l'engagement de
l'émancipé était excessif et réductible, et sans être tenus de mettre
en cause ceux avec qui il a été contracté (Cour de Paris, 19 mai
1838).

183. S'il est possible de révoquer l'émancipation accordée expressément au mineur, il en est tout autrement de celle qui résulte pour lui du mariage. Cependant Delvincourt (1) a soutenu qu'il fallait assimiler, quant à la révocation, l'émancipation tacite à l'émancipation expresse. Il s'appuie, pour le prouver, d'abord sur la généralité de l'art. 485, qui parle de « tout mineur émancipé, » sans aucune distinction, et, en outre, sur la suppression d'un art. 86 du projet qui disait que le mineur émancipé *autrement que par mariage* pourrait être déchu de l'émancipation (2).

184. Malgré la logique apparente de ce raisonnement, cette opinion compte peu de partisans, et nous ne pouvons l'admettre. L'émancipation résultant du mariage est tout à fait indépendante de la volonté des parents; elle a sa source dans la loi, qui l'organise et qui la règle. Cela est tellement vrai, qu'en consentant au mariage de son enfant, un père ne pourrait pas y mettre pour condition que l'émancipation n'en serait pas le résultat immédiat. Les parents sont donc sans pouvoir pour retirer à l'enfant un bénéfice qu'ils ne lui ont pas conféré.

Quant à la suppression de l'art. 86 du projet, elle a eu très-probablement pour but d'empêcher qu'on ne tirât des mots « émancipé autrement que par mariage » la conséquence que l'émancipation expresse pourrait être retirée à un mineur qui l'aurait obtenue avant son mariage. Enfin, il résulte de l'esprit général de notre législation que l'état d'un mineur en tu-

(1) Delvinc., t. I, p. 126, note 10.
(2) Locré, t. VII, p. 146.

telle est incompatible avec le titre d'époux, devant lequel doit disparaître à jamais la puissance paternelle.

185. Ces considérations ont fait triompher l'opinion qui n'admet la révocabilité que pour l'émancipation expresse; mais il s'est produit un troisième système qui consiste à considérer l'émancipation comme irrévocable tant que le mariage n'est pas dissous, ou qu'il existe des enfants, mais qui admet au contraire la possibilité d'une révocation lorsque l'émancipé reste veuf sans enfants (1). En effet, dit-on, il n'est plus le chef d'une famille, et il est impossible d'invoquer en sa faveur l'incompatibilité existant entre la qualité d'époux ou de père et l'état du mineur en tutelle. Mais, peut-on répondre, de deux choses l'une : ou bien l'émancipation résultant du mariage peut être retirée au mineur, ou bien elle est irrévocable. Dans le premier cas, il est difficile de comprendre la distinction qu'on établit entre celui qui est marié ou père, et celui qui est veuf ou sans enfants; dans le second cas, cette circonstance qu'il est veuf et sans enfants n'enlève rien à la valeur des motifs qui nous ont fait repousser l'application de l'art. 485 dans le cas d'émancipation tacite. Remarquons encore que cette révocation serait toujours beaucoup plus grave pour le mineur qui a été une fois chef de maison, et enfin que l'utilité qu'il y aurait à retirer l'émancipation est bien plus évidente quand le mineur est époux ou père que lorsqu'il est veuf sans enfants. Aussi la doctrine généralement admise est-

(1) Marcadé, t. II, art. 485, 486, n° 1; Demante.

11

elle que l'émancipation ne peut jamais être retirée au mineur qui est ou a été marié (1).

186. Il nous reste à examiner encore une question assez controversée : pourrait-on retirer l'émancipation au mineur qui, tout en n'ayant pas contracté d'engagements excessifs, se conduirait mal et vivrait publiquement dans la débauche? M. Demolombe répond affirmativement, en s'appuyant sur des considérations de la plus haute gravité. Le législateur, dit-il, n'a pas eu seulement en vue la protection des biens; il s'est certainement préoccupé des personnes elles-mêmes, et d'ailleurs, ajoute-t-il, le désordre dans la fortune vient presque toujours du désordre dans les mœurs. Si donc l'émancipé se livre à l'immoralité sans faire cependant de dépenses exagérées, ce sera se conformer à l'intention du législateur que de révoquer l'émancipation (2).

187. On peut faire plusieurs réponses à cette argumentation. Rien ne prouve d'abord que le législateur, en composant l'art. 485, ait eu en vue le cas de mauvaise conduite du mineur ; il est d'autant mieux permis d'en douter que notre ancien droit n'avait pas de règle fixe sur ce point, que les travaux préparatoires sont muets à cet égard, enfin que le chapitre de l'émancipation, consacré presque tout entier à régler la gestion des biens de l'émancipé, ne s'occupe nullement du gouvernement de sa personne. En second lieu, le désordre des mœurs n'entraîne pas toujours la prodigalité ; car il n'arrive que trop souvent qu'on rencontre

(1) C. de cass., 21 février 1821.
(2) Demol., t. VIII, p. 264.

l'immoralité unie à la cupidité et même à l'avarice. Mais, alors même que le législateur eût admis la présomption légale qu'on lui attribue, il serait encore bien difficile de tirer de la mauvaise conduite les mêmes conséquences que de la réductibilité des engagements. En effet, quand nous étendons l'application de l'article 485 au cas de réductibilité, nous avons un texte qui nous révèle clairement la volonté du législateur et qui serait à peu près inexplicable et inutile autrement : nous ne faisons donc qu'interpréter une disposition formelle. Mais pour faire rentrer le cas de mauvaise conduite dans l'art. 485, il faut faire plus qu'interpréter un texte : il faut imaginer un principe en le basant sur de simples présomptions.

188. Pour donner aux tribunaux le droit de révoquer l'émancipation au cas de mauvaise conduite du mineur, on a invoqué le droit qui leur appartient d'enlever la garde de son enfant au père lui-même, lorsqu'il en abuse. Nous avouerons que cet argument nous touche peu, car il est impossible d'assimiler un père qui maltraite ses enfants ou qui les livre à la corruption, et un enfant qui mène une vie débauchée sans porter aucun préjudice à autrui ; et, du reste, on ne crée pas de déchéance par analogie. Enfin le système que nous combattons a le tort immense de créer une nouvelle cause de révocation, décision trop arbitraire pour que nous puissions l'admettre.

§ II. — *Formes de la révocation.*

189. « L'émancipation, dit l'art. 485, sera retirée en suivant les mêmes formes que celles qui auront eu lieu pour la lui conférer. » Il ne faudrait pas conclure des termes de cet article que l'émancipation ne peut être retirée au mineur que par les personnes qui la lui ont conférée, car on en restreindrait ainsi beaucoup trop l'application : le législateur a simplement voulu dire que l'émancipation pourrait être révoquée par ceux qui auraient actuellement le droit de la conférer. Si le père ou la mère existe encore, la révocation résultera d'une déclaration faite par eux devant le juge de paix, assisté de son greffier. S'ils sont morts ou dans l'impossibilité de manifester leur volonté, cette révocation résultera de la délibération du conseil de famille et de la déclaration que le juge de paix, comme président de ce conseil, fera que l'émancipation est retirée au mineur.

190. Est-il permis au mineur de se pourvoir contre la déclaration ou la délibération qui révoque l'émancipation ? La question est fort controversée, et Delvincourt (1) ne craint pas de répondre affirmativement et d'accorder ce droit au mineur, soit quant à la forme, soit quant au fond. Ainsi, qu'un mineur qui se voit privé du bénéfice de l'émancipation prétende que les conditions dont parle l'art. 485 ne se sont pas rencontrées, le tribunal devra vérifier la vérité de cette allégation. Ce qui prouve, d'après Delvincourt, que

(1) T. I, p. 126, note 10.

telle a bien été la pensée de la loi, c'est que l'art. 86 du projet était ainsi conçu : « La délibération que le conseil de famille prendra sur cet objet (révocation de l'émancipation) ne sera pas sujette à homologation, et ne sera susceptible d'aucun recours (1). » Or cet article a été supprimé, ce qui démontre clairement que le législateur a eu l'intention d'ouvrir une voie de recours au mineur contre la décision qui lui enlève la liberté.

Malgré l'importance de cet argument, il nous paraît difficile d'admettre en son entier le système de M. Delvincourt. Avec M. Demolombe, nous préférons faire une distinction entre la question de fait et la question de droit. Si le mineur prétend que les formes et conditions exigées par la loi n'ont pas été observées, le tribunal devra vérifier la vérité de ses allégations ; mais, une fois que la constatation de cette réductibilité est un fait reconnu, le droit des parents et du conseil de famille est absolu et souverain, et le tribunal n'aura point à s'occuper de la valeur des motifs qui ont poussé les parents à retirer au mineur le bénéfice qui lui avait été antérieurement conféré. La suppression de l'article 86 du projet ne saurait, dans notre hypothèse, fonder pour les tribunaux une faculté contraire au droit commun.

(1) Locré, *Législation civile*, t. VII, p. 117.

§ III. — *Effets de la révocation.*

101. L'art. 486 nous apprend quels sont les effets de la révocation prononcée contre le mineur; il est ainsi conçu : « Dès le jour où l'émancipation aura été révoquée, le mineur rentrera (1) en tutelle, et y restera jusqu'à sa majorité accomplie. »

La révocation a donc pour résultat essentiel d'enlever au mineur le gouvernement de sa personne et l'administration de son patrimoine, et, par conséquent, de le faire retomber dans son ancien état de dépendance. Mais l'art. 486 est incomplet lorsqu'il ne parle que de la puissance tutélaire, car le mineur peut encore avoir son père ou sa mère, et c'est alors la puissance paternelle qui reprend son ancien empire.

102. Le mineur privé de l'émancipation devra se résigner à rester en tutelle jusqu'à sa majorité. La loi a pensé avec raison qu'une première expérience suffisait, et qu'il valait mieux s'en tenir là que de lui conférer de nouveau une liberté dont il a fait abus une première fois. Mais, si l'émancipation ne peut plus lui être conférée expressément, il pourra néanmoins l'obtenir par le mariage. En ce cas, en effet, ce n'est plus la famille, mais bien la loi elle-même qui émancipe le mineur.

103. En reprenant la puissance paternelle, le père ou la mère recouvre sur la personne et les biens de

---

(1) Le mot *rentrera* n'a pas toute l'exactitude désirable, car si l'enfant n'était pas en tutelle au moment de l'émancipation, comment pourra-t-il y *rentrer ?*

leur enfant toutes les prérogatives qui y sont attachées, et notamment les droits de garde, de correction et d'administration légale. Mais l'usufruit légal qu'avait fait disparaître l'émancipation renaît-il au profit des parents par suite de la révocation ? Beaucoup d'auteurs répondent négativement, en se fondant sur les raisons suivantes : La révocation est faite dans l'intérêt de l'enfant, et ne doit donc pas lui faire perdre les revenus de sa fortune. Il est bon aussi que les père et mère n'aient aucun intérêt pécuniaire à cette révocation ; enfin ils ont renoncé volontairement à cette jouissance légale en émancipant leur enfant, et rien ne les autorise à la réclamer aujourd'hui, d'autant plus qu'elle n'est pas un attribut essentiel et inséparable de l'autorité paternelle. — Nous préférons cependant l'opinion contraire : l'extinction de l'usufruit légal n'avait, en effet, pour cause que l'émancipation ; l'enfant libre de ses actions, loin de la maison paternelle, devait avoir, pour l'aider à vivre, la libre disposition de ses revenus ; mais lorsqu'il rentre sous la puissance de ses parents, quand il est obligé d'obéir à leurs ordres et d'habiter où ils le voudront, ses revenus cessent de lui être indispensables, et la responsabilité de sa propre existence incombe à ceux qui prétendent la diriger de nouveau. Et qu'on ne vienne pas nous objecter la renonciation des parents à l'usufruit légal, car ils ont surtout renoncé à la puissance paternelle, dont cet usufruit n'est que l'accessoire : or, *accessorium sequitur sortem rei principalis.* N'oublions pas, du reste, que, si la révocation a été établie dans l'intérêt de l'enfant, elle a en même temps un certain caractère de correction qu'il ne faut pas lui enlever. Enfin, s'il est vrai qu'il pourrait parfois être dangereux de laisser le père seul juge de l'opportunité d'une mesure qui lui rend la jouissance de biens qu'il regrette, rappelons-nous que les parents ne peuvent révoquer l'émancipation qu'autant que les engagements du mineur ont été réduits, et que cette réduction ne dépend nullement d'eux, mais bien de la justice.

194. Lorsque l'enfant qui avait été émancipé pendant le mariage de ses père et mère a perdu l'un d'eux au moment où il se voit enlever l'émancipation, il entre en tutelle pour la première fois. Par conséquent, la tutelle doit être déférée suivant les règles ordinaires : il y a lieu à la tutelle légale soit du survivant des père et mère, soit des autres ascendants, et, s'il n'existe plus d'ascendants, à la tutelle dative.

195. Si, au contraire, le mineur était déjà en tutelle lorsqu'il a été émancipé, c'est une question vivement débattue de savoir sous quelle tutelle il rentrera par suite de la révocation de l'émancipation. Il s'est élevé jusqu'à quatre systèmes différents sur ce point :

Le premier fait toujours revivre l'ancienne tutelle, sans distinguer entre la tutelle légitime et la tutelle dative.

Un second système veut que la tutelle soit toujours dative, parce qu'il y a là une situation particulière toute différente de l'état antérieur à l'émancipation, et que la loi, n'ayant pas créé pour ce cas de tuteur légitime, ne permet pas de suivre les règles ordinaires sur la délation de la tutelle.

D'après Marcadé (1), lorsque le père et la mère sont morts, la tutelle des ascendants d'un degré supérieur ne renaît pas ainsi *ipso jure*, et elle est déférée par le conseil de famille.

Quant à nous, il nous paraît plus simple de déférer la tutelle de la même manière que si elle s'ouvrait pour la première fois : le survivant des père et mère, ou, à son défaut, l'ascendant du degré supérieur, sera donc le tuteur du mineur. S'il n'y a aucun ascendant apte à la tutelle, elle est dative, et conférée d'après les règles ordinaires par le conseil de famille. Ce système est bien plus logique que le précédent, qui établit une distinction purement arbitraire entre le cas où le père ou la mère survive, et celui où tous les deux sont morts, en posant cependant en principe que c'est une nouvelle tutelle qui va s'ouvrir.

106. Ajoutons enfin que si l'émancipé est un enfant naturel, il n'y aura jamais lieu qu'à la tutelle dative, car la loi n'a pas conféré aux père et mère naturels la tutelle de leurs enfants ; ils sont loin, en effet, de mériter la même confiance que les parents légitimes.

107. Un des effets les plus importants de la révocation est d'enlever au mineur qui en est atteint la capacité de faire le commerce. Il est vrai qu'il est assez bizarre de ne pas donner une cause commerciale à ce dernier effet, et l'on comprend mal que le commerce de l'émancipé puisse se trouver interrompu par des raisons purement civiles ; car les engagements civils sont réductibles, mais jamais les obligations commerciales. Cependant la loi est précise sur ce point : c'est qu'il y

(1) T. II, art. 186, n° 2.

a un lien étroit qui unit la vie civile d'un jeune homme à sa vie commerciale, et lorsque l'une se passe dans la débauche et la prodigalité, l'autre s'en ressent aussitôt et en est compromise.

Comme la révocation de l'émancipation et, par voie de conséquence, le retrait de l'autorisation de commercer pourraient ne pas parvenir à la connaissance des tiers, que le mineur tromperait alors aisément, il faudra donner à cette révocation indirecte la même publicité que quand on a accordé l'autorisation.

198. Si l'on est généralement d'accord sur les questions que nous venons d'examiner, il n'en est plus de même sur le point de savoir si l'autorisation donnée à l'émancipé de faire le commerce peut lui être retirée directement et sans qu'il soit privé de l'émancipation. On reconnaît généralement qu'il ne peut dépendre du seul caprice des parents de retirer sans motifs cette autorisation. Mais il peut fort bien arriver que l'émancipé se lance dans des spéculations folles, dans des entreprises ruineuses qui compromettent non-seulement sa fortune, mais encore celle de sa femme et de ses enfants : peut-on alors lui retirer isolément l'autorisation de faire le commerce ?

Dans le silence du Code de commerce et du Code civil, un certain nombre d'auteurs n'ont pas cru possible de laisser un mineur se ruiner sans qu'on fît rien pour s'y opposer, tandis qu'il est permis de lui retirer l'émancipation, dont les conséquences sont forcément moins dangereuses pour lui ; aussi ont-ils cherché dans les analogies du droit un moyen de parer à une situation aussi intéressante.

Delvincourt enseigne que les parents qui ont accordé l'autorisation de commercer pourraient dénoncer aux juges les obligations commerciales de l'émancipé ; et comme ces engagements ne sont pas susceptibles de réduction, le tribunal n'aurait qu'à rechercher si l'on pourrait réduire ces engagements, au cas où ils ne seraient pas commerciaux. C'est de la constatation de cette réductibilité que découlerait le retrait de l'émancipation et, par suite, du droit de faire le commerce.

D'autres auteurs accordent simplement au tribunal le droit de retirer directement à l enfant la faculté de faire du négoce sur la demande qui lui en est adressée. Ce système fait ressortir les dangers qu'il y aurait à laisser au mineur une faculté dont il abuse, et se fonde sur ce qu'il appartient à la justice de prononcer sur les questions relatives à la capacité des personnes.

109. Laissant ces diverses opinions de côté, nous préférons décider que l'autorisation de faire le commerce ne peut jamais être retirée directement à l'émancipé. S'il est vrai, en effet, que la loi accorde aux parents le droit d'autoriser leur enfant à faire le commerce, nous ne voyons nulle part qu'il accorde à quelqu'un le droit de retirer cette autorisation ; et il ne faut point créer une cause de déchéance, ni appliquer à des engagements commerciaux des règles exclusivement propres au droit civil. Sans doute, il y a une lacune dans la loi, mais il ne nous appartient pas de la faire disparaître. Les systèmes que nous repoussons ont bien, du reste, leurs inconvénients. Cette menace perpétuelle de révocation nuirait, en effet, de la façon la plus grave au crédit du mineur, qui,

d'un autre côté, pourrait fort bien s'entendre avec ses
parents pour tromper ainsi ses créanciers. Quant à
l'intervention du tribunal, elle nous paraît aussi inutile que peu équitable, car une affaire commerciale
n'est guère de sa compétence, et divulguer une opéra-
tion de ce genre sera, le plus souvent, empêcher qu'elle
ne réussisse.

Notre système a, du moins, cet avantage qu'il s'en
tient aux termes mêmes de la loi. Il vaut mieux, en
effet, respecter jusqu'aux oublis du législateur que de
se jeter dans des décisions arbitraires, qui mènent le
plus souvent à un résultat tout opposé au droit et à
la justice. N'oublions pas, du reste, qu'interpréter la
loi au gré de sa fantaisie, alors même qu'on semble
d'accord avec les règles les plus simples du bon sens
et de l'équité, c'est usurper un pouvoir qui n'a jamais
pu nous appartenir.

POSITIONS.

DROIT ROMAIN.

I. Le père de famille devenu débiteur de son fils en puissance, et qui le rembourse après son émancipation, fait un payement valable et non susceptible de répétition.

II. Les créanciers de l'émancipé peuvent obtenir une *restitutio in integrum*, lors même que le contrat est postérieur à la *capitis deminutio*, s'il a été fait pendant le *mancipium*.

III. Sous Justinien, l'émancipation produit encore une *minima capitis deminutio*.

IV. A l'époque de Justinien, le père recueille à titre de succession, et non *jure peculii*, le pécule *castrense* de son fils mort *ab intestat* sans laisser de [descendants ni de frères.

V. L'émancipation enlève au fils le droit de percevoir les termes échus d'une prestation périodique à lui léguée.

DROIT FRANÇAIS.

CODE CIVIL.

I. En cas d'interdiction du père, la mère peut émanciper l'enfant commun âgé de quinze ans.

II. L'émancipé ne peut pas conférer seul une hypothèque pour la garantie des obligations qu'il est capable de contracter.

III. L'émancipation ne peut jamais être retirée à une personne mariée ou veuve sans enfants.

IV. La mauvaise conduite du mineur n'est pas une cause de révocation de l'émancipation.

V. L'autorisation de faire le commerce ne peut être retirée à l'enfant dont l'émancipation n'est pas révoquée.

DROIT CRIMINEL.

Lorsqu'un Français, victime d'un crime à l'étranger, se désiste de la plainte qu'il a formée devant les tribunaux français, le ministère public peut continuer la poursuite.

DROIT ADMINISTRATIF.

I. Les églises sont inaliénables et imprescriptibles.

II. La disposition de la loi de 1825, qui soumet à l'autorisation du gouvernement les libéralités faites à des communautés religieuses, ne peut pas être appliquée à la dot qu'apporte une religieuse en entrant dans cette communauté.

PROCÉDURE CIVILE.

Les tribunaux français auxquels on demande de rendre exécutoires les jugements rendus à l'étranger ne peuvent jamais les réviser au fond.

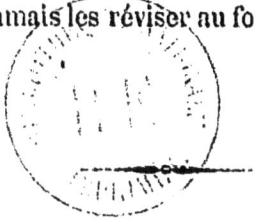

Vu par le président de l'acte,
doyen honoraire,

O. BOURBEAU, (C. ✳).

Vu par le doyen,
LEPETIT, ✳.

Permis d'imprimer :

Le recteur de l'Académie,
A. CHERUEL, (O. ✳).

Les visas exigés par les règlements sont une garantie des principes et des opinions relatives à la religion, à l'ordre public et aux bonnes mœurs (statut du 9 avril 1825, art. 41), mais non des opinions purement juridiques, dont la responsabilité est laissée au candidat.

Le candidat répondra en outre aux questions qui lui seront faites sur les autres matières de l'enseignement.

Poitiers. — Imp. A. Dupré.

POITIERS. — TYP. A. DUPRÉ.

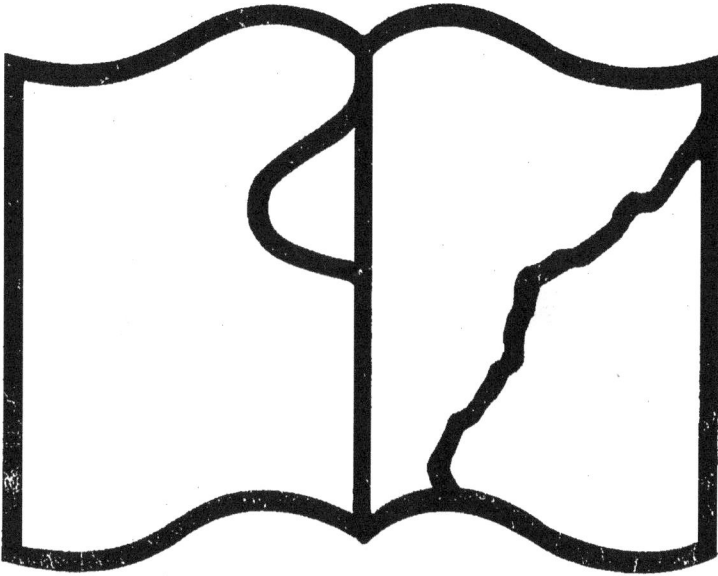

Texte détérioré — reliure défectueuse

NF Z 43-120-11

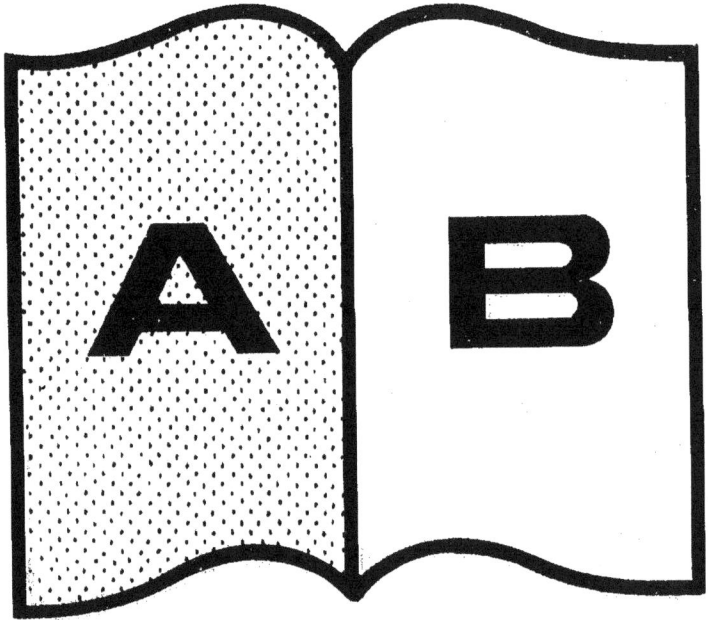

Contraste insuffisant

NF Z 43-120-14

www.ingramcontent.com/pod-product-compliance
Lightning Source LLC
Chambersburg PA
CBHW072343200326
41519CB00015B/3640